W0196227

LIEBLINGSORTE
STUTTGART

ADRIENNE BRAUN
LIEBLINGSORTE
STUTTGART

Mit Fotografien von Martin Stollberg

emons:

INHALT

WELTLÄUFIG UND SYMPATHISCH WIDERSPRÜCHLICH –

An Adrienne Brauns Lieblingsorten zeigt sich der wahre Charakter von Stuttgart

Ist das nicht ungeheuerlich? Welche Anmaßung! Da kommt eine gebürtige Hessin daher und glaubt, den Stuttgartern etwas über ihre Stadt erzählen zu können. Über diese kuriose Kesselmetropole, in der sich die gemütlichen Viertelesschlotzer längst als renitente Rentner entpuppt haben, die Transparente statt Besen schwingen. Von wegen Stadt zwischen Wald und Reben, wohlhabend und saturiert – die vermeintlich konservative Autostadt hat einen grünen Oberbürgermeister und ist kulturell kunterbunt durchmischt. Und das ganz selbstverständlich.

Als Zugezogene bringt die Kolumnistin und Kulturjournalistin Adrienne Braun aber ein Gutmaß Distanz mit, um die Stadt unvoreingenommen ins Visier nehmen zu können und festzustellen: Stuttgart ist eine moderne, tolerante, aber auch bodenständige Großstadt, weltläufig – und sympathisch widersprüchlich. Ein Ort, dem man mit vorschnellen Pauschalurteilen definitiv nicht gerecht wird.

Bei Lieblingsorten mag man an touristische Sehenswürdigkeiten denken, an Freizeittipps oder idyllische Naherholung, an Fernsehturm oder das Panoramarestaurant im Kunstmuseum. Adrienne Brauns Lieblingsorte dagegen sind jene, die den Charakter der Stadt ausmachen, die ihren speziellen Geist und das Lebensgefühl prägen. Es sind Orte, die es so eben nur in Stuttgart gibt.

Sie können schön und pittoresk sein – wie der Schillerplatz oder die Markthalle. Die in diesem Buch vorgestellten Hügel, Plätze oder Institutionen aber sind vor allem interessant und besonders, weil sie ambivalent sind. So ist die Karlshöhe mit ihren Weinreben, verschlungenen Wegen und Wiesen eine Oase in der City – aber entsprechend begehrt von den Großstädtern. Der Autoverkehr macht Stuttgart zu schaffen, trotzdem ist das Porsche Museum ein Meilenstein der Architektur und verrät viel über die schwäbische Seele. Die Uhlandshöhe wirkt auf den ersten Blick unspektakulär, aber hier liegt die Wiege von Rudolf Steiners Waldorfpädagogik und ist die Anthroposophie allgegenwärtig – bis heute prägt sie das Leben in der Stadt.

So will Adrienne Braun mit diesem Buch mit undifferenzierten Vorurteilen aufräumen, die noch immer existieren. Denn es mag zwar gutbürgerliche Weinstuben geben, der Mittagstisch der modernen Städter aber darf durchaus thailändisch oder vietnamesisch sein. Der Kunstbetrieb macht seine Geschäfte andernorts, die ambitionierten Sammler aber sind in ihren Privatmuseen und Galerien oft deutlich fortschrittlicher und näher am Publikum als die großen Institutionen im Land. Und mit dem Römerkastell ist Stuttgart übrigens auch Medienstandort. Die »Soko Stuttgart« lässt grüßen.

Es sind neue und unerwartete Blicke, die die Stuttgarter Autorin auf die Stadt wirft, die längst auch ihre geworden ist. Zum Abschluss wagt sich Adrienne Braun sogar ans Schwäbische heran, denn richtig heimisch ist man erst dann, wenn man auch in der Sprache zu Hause ist. Das bedeutete für die Hessin viele Übungsstunden, bis es ihr endlich gelang, das gutturale »A« gurgelnd über den Gaumen zu transportieren oder bei »Fernsäh« und »Henna Däbberle« das R genüsslich zu verschlucken.

SCHILLERPLATZ
WO DER HACKENPORSCHE
UNTERTOURIG HOLPERT

VERWEILE DOCH,
ES IST SO SCHÖN!

Heute weiß jeder: Früh übt sich, was ein Meister werden will.
Der kluge Mann baut vor – und falls er hinaus in die feindliche
Welt muss, wird er bald feststellen, dass ernst das Leben, heiter
die Kunst ist. Langer Rede, kurzer Sinn: Ohne Friedrich Schiller
würden uns manches Mal die Worte fehlen. Wir würden unsere
Pappenheimer nicht erkennen und wüssten nicht einmal, dass
die Axt im Haus den Zimmermann erspart. Speziell die Stuttgarter würden zudem durch hohle Gassen irren – und doch nie
zum schönsten Platz der Stadt gelangen: dem Schillerplatz.
Donner und Doria! Beim Himmel, dieser Platz ist schön.

Aber was heißt schon schön? Schönheit, meinte, nein, nicht
Schiller, sondern sein Kollege Goethe, bändige allen Zorn. Durch
Schönheit werden die Menschen friedlich, versöhnlich, sanft und
genüsslich. Und vielleicht kitzelt sie plötzlich süße Lust, die Nase
schnüffelnd in ein Thymian-Töpfchen zu stecken oder einen
Strauß Tulpen zu kaufen, in einen knackigen Boskoop vom Boden-
see zu beißen – oder sich in einen der Korbstühle der Alten Kanzlei plumpsen zu lassen. Nach dem Motto: Verweile doch, du bist
so schön. Goethe, nicht Schiller.

Ein Wunder, dass es einen solchen Platz gibt, obwohl sich das
Nachkriegs-Stuttgart dem Dogma der autogerechten Stadt ver-
schrieb. Freie Fahrt für freie Bürger – und überall sollte man mit
seinem knatternden Käfer zügig von A nach B und von C nach D
und E nach F fahren können und von G natürlich auch zügig nach
B oder D oder E. Die Innenstadt als der bessere Highway.

AUFWENDIG GESTALTETE ARCHITEKTUR: LÖWEN TRAGEN BALKONE

Der Schillerplatz ist gänzlich unbehelligt von Straßenverkehr und Motorenlärm, sogar als Fußgänger wird man radikal ausgebremst und holpert und stolpert der Hackenporsche für die Einkäufe untertourig. Hier wird nicht geradelt und gerollt, das Laufen über das Kopfsteinpflaster ist ein wenig beschwerlich, die ungleichmäßigen Steine bieten Widerstand, als wollten sie uns aufhalten und zur Entschleunigung zwingen.

Vor allem an Markttagen befällt einen leicht Schlenderlaune. Keine Frage, andernorts lässt es sich deutlich praktischer und unbehelligt von den Jahreszeiten einkaufen. Ohne laue Lüftchen oder Nieselregen kann man in den klimatisierten Discountern an den gleichförmigen Regalen vorbeijagen, kann in den rollenden Einkaufswagen Dosen, Gläser und Fleischschalen pfeffern, PET- und Klarsicht-Verpackungen, Schachteln, Siegelrand- und Schrumpfbeutel, Tetrapacks und Blisterfolien, die dann zackizacki über den Scanner gezogen werden.

DEM SHOPPINGRAUSCH SIND NATÜRLICHE GRENZEN GESETZT

Auf dem Wochenmarkt sind dem Shoppingrausch dagegen natürliche Grenzen gesetzt, weil man nur so viel einkaufen sollte, wie man tragen kann. Wenn man ein Pfund Möhren und ein Kilo Sieglinde schleppt, wenn die Tüte mit dem Elstar bereits in die Hand schneidet und man die in Zeitung gewickelten Dahlien unterm Arm klemmen hat, dann überlegt man sich sehr genau, ob man sich tatsächlich noch mit einem Glas Waldhonig beschweren sollte.

Eine Stadt, sagen Experten, ist dann lebenswert, wenn sie das menschliche Maß respektiert. Was das meint, kann man auf dem Schillerplatz unmittelbar spüren. Die Gebäude mit ihren überschaubaren Dimensionen sind wohlproportioniert. Keine kühlen Glasfassaden, die protzig in den Himmel wachsen, keine als Architektur deklarierte Hässlichkeit, die riesenhaft und vorlaut auftrumpft.

Den Bauten lässt sich mit erhobenem Haupte begegnen – ohne zurechtgestutzt und auf eine Nebenrolle in dieser Welt verwiesen zu werden, in der Verkehr und rentable Immobilien Vorrang haben. Stattdessen ein ideales Zusammenspiel von Mensch und Mauern, die den Platz von vier Seiten begrenzen und doch vielerlei Durchgänge bieten.

DIE DETAILS MACHEN DEN PLATZ BESONDERS

Wenn man nach einem Sommertag mit einem Drink den Abend begrüßt, dann zeigt sich der Platz von seiner schönsten Seite. Denn die Idylle ist perfekt, ohne jeden Kitsch, ohne Inszenierung. Diese lieblichen, vom Regen weichgespülten Steine vermitteln Geborgenheit, nicht etwa, weil sie alt sind, sondern weil sie liebevoll gestaltet wurden. Auf der Fassade des Justizministeriums markieren Gesimse die Stockwerke, Löwen tragen einen kleinen Balkon. Es sind die Details, die den Platz angenehm machen: der Knick in der Fassade der Alten Kanzlei, das Dach, das unterschiedlich tief gezogen ist, die verschieden ausgestalteten Portale. Die wechselnden Farben der Steine akzentuieren das Alte Schloss, der dicke Turm wirkt wie unermesslicher Luxus in unserer Zeit, in der doch alles ins Rechteck, in die normierten Standardmaße industrieller Massenproduktion gepresst werden muss. Kein Bauherr würde sich heute noch Fenster mit Rundbogen leisten wie beim Prinzenbau, weil das die Rendite mindert.

Spaziert man ein paar Meter weiter auf den Schlossplatz, sorgen Busse mit ihren brummenden Motoren für Unruhe und verschwindet sofort dieses Gefühl, behaust zu sein, wohlig und sicher umfangen zu werden von Architektur. Die Konzentration ver-

DIE DIMENSIONEN STIMMEN, DESHALB FÜHLT MAN SICH WOHL.

flüchtigt sich, Menschenströme fließen vorüber, nichts gibt Halt und Sicherheit. Der Ehrenhof des Neuen Schlosses ist nackt und kalt, die sorgfältig arrangierten Wege rund um die Jubiläumssäule wirken offen, und wie auf einem Präsentierteller tummelt sich das Volk auf den Rasenfleckerln.

DIE ARCHÄOLOGISCHE FUNDGRUBE MUSSTE FÜR EINE TIEFGARAGE WEICHEN

Einst hieß der Schillerplatz übrigens Schloss-, dann Kanzleiplatz und bis 1934 Alter Schlossplatz. Das Gestüt, das Stuttgart den Namen gab, soll genau hier gelegen haben. Dieser Stutengarten war keineswegs ein beiläufiger Pony-Hof, er entwickelte sich zu einem Adelssitz mit Kirche und einer großen Siedlung. Im 12. und 13. Jahrhundert soll der Platz noch dicht bebaut gewesen sein. Neben der Stiftskirche stand ein turmartiges Gebäude, in dem vermutlich die Verwaltung des Gestüts untergebracht war. Dieses Stuthaus war lange der älteste Bau der Stadt, aber obwohl die Mauern zwei Meter dick waren, wurden sie im Zweiten Weltkrieg schwer beschädigt und 1973 kurzerhand entsorgt. Die Commerzbank wollte eine Tiefgarage bauen – und die Stadt scherte sich nicht um die Warnung der Historiker. Die archäologische Fundgrube wurde einfach weggebaggert – wie auch das weitverzweigte System unterirdischer Gänge, das es hier einst gab.

Häufig werden öffentliche Plätze von Herrschern, Monarchen und Machtmenschen dominiert, die Schwerter recken und Fahnen schwingen, als wollten sie auch noch die Nachwelt mit striktem Regiment knebeln und knechten. Auf dem Schillerplatz wurde dagegen ein Dichter auf den Sockel gestellt, noch dazu einer, der für Freiheit und Rebellion gegen Willkürherrschaft steht.

KEIN SÄBELRASSELNDER HERRSCHER, SONDERN EIN SCHÖNGEIST
THRONT IM ZENTRUM: FRIEDRICH SCHILLER.

Schiller kam 1775 zum Studium nach Stuttgart. Jura hatte sich der Schöngeist ausgewählt, aber ihm fiel das Studium an der Militärakademie schwer, sodass er zur Medizin wechselte, schließlich war der Papa auch Doktor und Regimentsarzt unter Herzog Carl Eugen. Immerhin: Schiller hat das Medizinstudium korrekt abgeschlossen, sich die Promotion allerdings gespart, sodass er nur als angelernter Arzt in den Militärdienst eintrat.

Wie ein stolzer Kerl, der im Feld beherzt abgerissene Gliedmaßen wieder annäht oder durchbohrte Leiber flickt, schaut er nicht aus. Hier steht kein Held, sondern ein grüblerischer Dichter und Denker, der beiläufig ein Buch in der Hand hält und in Gedanken versunken ist. Auch das gibt diesem Platz seine besondere Aura, dass hier der Geist regiert, das kritische Denken.

Als »Die Räuber« 1782 in Mannheim aufgeführt wurden, wollte Schiller sich eine Vorstellung anschauen, wurde aber denunziert und vom Herzog zwei Wochen in den Kerker gesperrt. Er musste Carl Eugen sogar versprechen, nie wieder eine Zeile aufs Papier zu bringen. Natürlich hielt Schiller sich nicht daran. Er flüchtete aus der Stadt, die ihrem verehrten und bewunderten Dichter keine sechzig Jahre später stolz ein Denkmal widmete. Während die Glocken der Stiftskirche laut schlugen, durfte Schillers Enkel unter dem Jubel der Bevölkerung das Tuch vom Denkmal ziehen.

AFTER-EIGHT-SCHOKOLADE VOM MOBILEN »COFFEE-BIKE«

Den Tauben ist es recht, sie spazieren kess über des Dichters Schultern oder hocken gurrend auf seinem mit Lorbeer bekränzten Haupt, während die Passanten ihm gern zu Füßen sitzen und einen Kaffee oder eine After-Eight-Schokolade vom mobilen »Coffee-Bike« trinken, während sich ein gemütliches Raunen über den Platz zieht – »Derf's a bissle meh' sei?« »Derf I's Ihne so gäbbe? Oder Tüde?«

»Das Glück wohnt droben in dem Schoß des ew'gen Vaters«, lässt Schiller seine Jungfrau von Orléans sagen. Da muss man ausnahmsweise widersprechen: Manchmal kann man das Glück auch hier auf Erden treffen – ganz beiläufig zwischen Lauchstangen, die so dick wie Unterarme sind, Holunderblütensirup und einem zarten Glöckchen, das zu jeder Viertelstunde läutet, lieblich und sanft.

AUSSEN DENKMALGERECHT, GESPEIST WIRD IN DER ALTEN KANZLEI ABER ZEITGEMÄSS.

MARKTHALLE
OBERSCHALEN UND
BACON-CHEESE-POPCORN

QUAL DER WAHL
BEI 37 REISSORTEN

Wie wäre es mit Bohnen und Reis? Aber nein, würden die meisten abwinken, viel zu simpel, zu einfallslos und fad. Wie soll bei Bohnen und Reis der Gaumen des Gourmets gekitzelt werden? Wo bleibt da die Herausforderung, das gewisse Etwas? Gibt es etwas Banaleres als Bohnen mit Reis? Von wegen. Man muss zum Einkaufen nur in die Stuttgarter Markthalle gehen. Der Asia-Feinkost gleich neben dem Eingang hat 25 Sorten Bohnen im Angebot und 37 Sorten Reis. Mal eben hochgerechnet ergibt das 925 verschiedene Bohnen-Reis-Gerichte. Will man die auch noch mit den 25 verschiedenen Salzen würzen, was dem Feinschmecker dringend empfohlen sei, muss man sich durch 24 050 Speisen essen. Da haben die exquisiten Gaumen eine Weile zu tun, bis sie sämtliche Nuancen herausgeschmeckt haben.

Wollte man eine weitere Beilage ergänzen, gar eine Vorspeise oder ein apartes Dessert, würde der Taschenrechner beim Errechnen der möglichen Varianten kapitulieren. Umso erstaunlicher ist es, dass es doch immer wieder gelingt, sich trotz des gigantischen Sortiments zu entscheiden – etwa für ein Pfund der neuen Moor-Sieglinde. Oder für einen Strauß Petersilie. Denn auch solch simple Dinge gibt es in der Stuttgarter Markthalle, die doch eigentlich die kulinarischen Höhepunkte der gesamten Welt im Angebot hat: Kaviar, Trüffel und getrocknete Pomela-Streifen, Rosenwasser, Kirschbalsamsenf und Heumilchkäse. Manuka-Honig zu 142,40 Euro das Pfund, Rinderwaden, Oberschalen und Popcorn. Und zwar kaltes Popcorn in den Geschmacksrichtungen

IN DER MARKTHALLE SIND KULINARISCHE HÖHEPUNKTE AUS ALLER WELT ZU HABEN.

Zartbitter-Orange, Bacon-Cheese, Cheddarkäse oder einfach nur mit Ingwer.

Aber Luxus ist heute ja nichts Besonderes mehr. Einen Steinwurf entfernt präsentiert er sich bei Böhm viel unverschämter und augenfälliger, freundlich lächelndes Servicepersonal packt einem das sündhaft teure Zeug an der Kasse sogar in Tüten, damit man seine Kreditkarte ohne Hektik und kratzerfrei ins kalbslederne Etui zurückschieben kann.

DIE SCHWEINEGRIEBEN GIBT ES MIT GEROLLTEM »R«

Auch in der Markthalle herrscht eine unanständige Überfülle, und gibt es Dinge, die fast verboten gehören, würden sie den Gourmets nicht so ausgezeichnet munden: Kutteln und Kaninchennieren, Wachteln und Gänsestopfleber, Lammhirn und ungarische Pferdewurst. Die gibt es am Puszta-Stand, wo die Verkäufer das »r« bei den Schweinegrrrrieben selbstverständlich gurgelnd rollen.

Denn das macht den Unterschied zu anderen Feinkostläden, den Delikatessengeschäften und Gourmettempeln der Stadt: Der Besuch der Markthalle dient im Grunde der Völkerverständigung, weil man an den Nationenständen fast wie im Museum die Köstlichkeiten und Ernährungsgewohnheiten anderer Kulturen vorgeführt bekommt. Inmitten dieser Überfülle begreift man, wie wir armen Menschlein uns letztlich durchzuschlagen versuchen, wie wir unser täglich Brot mit uralten Handelsstrategien sichern und mit dem wuchern, was wir eben zu bieten haben. Linz hat seine Torte, Dresden die gezuckerten Krönchen, Ettal seinen Klostergeist, Braunschweig seine Wurst, Griechenland Kourabiedes, der Iran Zwergfeigen, Tibet Gojibeeren und Bamberg seine Hörnle.

So kann man beim Gemüsekauf manches Vorurteil revidieren und schmatzend erfahren, dass keineswegs nur die Franzosen mit einem erlesenen Gaumen ausgestattet sind. Steht man vor der gläsernen Vitrine mit Alkoholika, stellt man zudem fest, dass unser Kopf nur einen kleinen Kick braucht, um umgehend stereotype Assoziationen abzurufen. Caribbean Rum konnotiert andere Bilder als Küstennebel, die Gefühle, die ein Pastis de Marseille kitzelt, unterscheiden sich deutlich von denen, die Schwarzwälder Kirschwasser evoziert – dabei machen sie gleichermaßen bezwitschert.

Die Einkaufstour in der Markthalle ist also eine höchst lehrreiche Tätigkeit, die sogar noch intellektuell angereichert wird durch einen Schnellkurs in Geschichte. Man sollte das nicht zu laut sagen, damit die Geschäftsleute nicht mitbekommen, dass ein historisches Gebäude vermutlich geschäftsschädigend ist. Die neutrale Architektur der Discounter ist eine pragmatische Hülle für Marken und Produkte, Tagesangebote und Sonderaktionen. Ein historisches Gebäude beginnt dagegen sofort mit der Kundschaft zu plaudern und zieht die Aufmerksamkeit auf sich. Die Besucher staunen über den dicken Eckturm der Markthalle, der so gar nicht dem Klischee des eleganten, fragilen Jugendstils entspricht, oder sie bewundern die eigenwilligen Fresken von Franz Heinrich Gref und Gustav Rümelin an der Fassade.

»DAS AUSSPUCKEN AUF DEN BODEN IST VERBOTEN«

Da können die Marketender sich noch so anstrengen und großzügig Käsewürfel zum Probieren feilbieten, in der Markthalle werden Konsumenten unwillkürlich zu denkenden Menschen, die ihre eigene Existenz in der Historie spiegeln. »Das Ausspucken auf den Boden ist verboten«, steht auf einem Schild, das an die Marktordnung von 1914 erinnert – und schon sieht man vor dem geistigen Augen ungewaschene, lumpig gekleidete Flegel durch

ALS DER JUNGE MARTIN ELSAESSER 1910 DEN WETTBEWERB FÜR DIE NEUE MARKTHALLE GEWANN, WAR ER NOCH VÖLLIG UNBEKANNT.

die Gänge jagen und Äpfel stibitzen, oder unrasierte Männer mit Getreidesäcken auf dem Buckel, die den feinen Damen hinterherpfeifen.

So taucht man ab in die Vergangenheit und wird erinnert an Zeiten, als die Stuttgarter City nur vereinzelte Bauten besaß – und die Händler Boskoop und Filderkraut unter freiem Himmel feilbieten mussten. Auch 1863 standen sie im eisigen Winter dort mit klammen Fingern und klappernden Zähnen. Nachdem alle längst zusammengepackt hatten, kauerte eine Händlerin immer noch neben ihrem Grünzeug und saß und saß. Sie war erfroren. Das schockierte König Wilhelm I. so sehr, dass er kurzerhand in seine Privatschatulle griff und den Bau einer Markthalle finanzierte.

TROTZ SCHWERER TÜREN SCHAFFEN ES DIE KUNDEN HINEIN

Heute sind die Läden in der Innenstadt fest gemauert, aber selbst im tiefen Winter wollen sie den Umsatz durch offene Türen ankurbeln – und investieren hemmungslos in Heizungswärme, die sie in die Fußgängerzone hinausblasen. Die sakrisch schweren Eingangstüren der Markthalle strafen sämtliche Shopping-Strategen Lügen – die Kunden schaffen es dennoch hinein, selbst wenn sich schmächtige Persönchen mit aller Gewalt gegen sie stemmen müssen.

Zugegeben, es ist nicht alles schön an dieser Markthalle, die sich an den repräsentativen Glasbauten der neuen Pariser Architektur orientierte. 1910 wurde ein Architekturwettbewerb ausgelobt, denn die alte Halle war zu klein geworden, und das rasant wachsende Stuttgart brauchte einen neuen Handelsplatz. Die Entwürfe wurden anonym begutachtet, weshalb die Juroren sich nichtsahnend für einen jungen Mann entschieden, der ohne

HEUTE MÜSSEN HUNDE DRAUSSEN BLEIBEN – FRÜHER SPEISTE WILHELM II.
MIT ALI UND RUBI IN DER HALLE.

Berufserfahrung ein solches Großprojekt in Toplage stemmen sollte: Martin Elsaesser. Er gewann den Wettbewerb und stach sogar seinen Mentor Paul Bonatz aus.

Elsaessers hohes, gewölbtes Dach mit seinen Streben könnte im Grunde auch über einer Schwimmbadhalle aufragen. Aber es sind ja gerade die Brüche, die Räume interessant machen, deshalb stehen bei Merz & Benzing auch viele Holzmöbel herum, denen mit Schleifpapier Patina verpasst wurde. In der Markthalle wird der Vintage-Look dagegen ohne großes Aufhebens mitgeliefert. Der Boden ist nicht mit edler Eiche oder teuren Fliesen ausgelegt, sondern mit schäbigem Asphalt wie auf der Straße.

Es führen sogar noch alte Schienen mitten durch die Halle, weil man beim Bau fortschrittlich dachte und die Nahrungsmittelbörse direkt an den städtischen Schienengüterverkehr anschließen wollte. Bis nach dem Zweiten Weltkrieg fuhren die Kartoffelkisten bequem mit einem Straßenbahn-Güterzug vor, während die LKW-Fahrer heute schwitzend mit ihren 7,5-Tonnern in den engen Straßen rangieren und die kleinen Lieferwagen mit den dicken SUVs der Kundschaft um die wenigen Parkplätze buhlen.

DIE HUNDE DES KÖNIGS RISSEN AN FRACKSCHÖSSEN

1933 wurde der komplette Innenraum der Markthalle bei einem Feuer zerstört. Im Bürotrakt zog eine »Beratungsstelle für Luftschutzbauten« ein. Ein Jahr später wurden die jüdischen Händler aus der Halle vertrieben, 1944 flogen zahllose Bomben auf die Stuttgarter Innenstadt, und es erwischte auch die Markthalle schwer. Aber das Warenangebot war ohnehin längst geschrumpft und nur noch privilegierten Kunden vorbehalten.

So gesehen ist die heutige Überfülle an Köstlichkeiten auch ein Beleg für gute und friedliche Zeiten, und man kann sich getrost die Friedenstaube gebraten mit Thymianfond à la Schubeck gönnen. Exotisches und Exquisites gab es übrigens von Beginn an in der Markthalle, sodass es bei der Eröffnung 1914 auch manches Heulen und Wehklagen gab und man der guten alten Blumen- und Gemüsehalle nachtrauerte. Aber die neue Nahrungsmittelbörse wurde bald zu einem beliebten Ausflugsziel. Wilhelm II. von Württemberg speiste gern im »Marktstüble« Schützenwurst und Kartoffelsalat, während seine lausig schlecht erzogenen Spitzhunde Ali und Rubi an Frackschößen rissen und Fremde ankläfften.

In den Fünfzigerjahren wurde der Großmarkt in Wangen eröffnet, womit die Markthalle in der City quasi arbeitslos wurde.

DER ORIGINALE CERESBRUNNEN WURDE IM ZWEITEN WELTKRIEG ZERSTÖRT.

Die Stände im Obergeschoss machten dicht, und die Händler im Parterre verlegten sich auf Feinkost und Spezialitäten. Wer weiß, ob damit wirklich dicker Umsatz gemacht wird, denn nicht alle, die sich hier fürstlich verwöhnen und vom Kellner einen kühlen, prickelnden Aperol Spritz servieren lassen, sind wirklich so reich, wie sie mitunter tun.

EIERDIEB FRISST SICH DURCH DIE AUSLAGE

Obwohl es an Samstagen rappelvoll ist, sind die Schlangen an den Kassen im Obergeschoss überschaubar. Viele kommen eben doch nur zum Schauen, gerade für Touristen ist die Markthalle eine der schönsten Adressen, welche Stadt kann schon mit einem so prallen Angebot in so stilvoller Architektur aufwarten? Die Besucher schieben sich mit glänzenden Augen durch die Sehnsuchtswelten, befingern die Messer, die mitunter mehr kosten, als die Verkäuferinnen vermutlich in der Woche verdienen. Sie schlendern an den unpraktischen Blechgießkannen vorbei, den Spaten, die viel zu teuer sind, um je benutzt zu werden. Im Geiste sehen sie sich vermutlich in diesen grünen Gummistiefelklassikern durch ihren englischen Garten stolzieren, den sie gar nicht besitzen. Am Ende kauft man dann einen dekorativen Weidenkorb, in den man die Fernsehzeitung legt, weil man leider, leider keine Holzscheite braucht in seiner Neubauwohnung.

Manchmal kann man schon Sorge haben, ob den Händlern in ihren üppigen Auslagen nicht auch manches abhanden kommt beim Geschiebe durch die schmalen Gänge. Aber auch das Stehlen hat in der Stuttgarter Markthalle Tradition. Legendär ist der Eierdieb, der vor ein paar Jahren Nacht für Nacht sein Unwesen trieb und sogar gelegentlich Trockenfrüchte mitgehen ließ. Die Händler streuten großflächig Mehl in der Halle aus – und sahen am Morgen die Abdrücke von Marderpfötchen. Gefasst haben sie

AM PUSZTA-STAND GIBT ES REICHLICH WURST UND KNOBLAUCH – UND ZWAR SCHÖN SCHARF.

den Schlawiner nie. Irgendwann hat er sich aus dem Staub gemacht. Wahrscheinlich war ihm das Sortiment zu klein – denn es gibt in einer Vitrine zwar Schwaneneier, Wachteleier, glänzen-de Pampas-Tinamu-Eier, sowie Eier vom Sakerfalken, Perlhuhn und Auerhahn – aber leider sind sie alle ausgeblasen.

KARLSHÖHE
FREIZEIT IM SCHICHTBETRIEB

WO CURD JÜRGENS
SEINE FRAU UM
DIE ECKE BRINGT

Zugegeben, mit dem Küssen wird es schwierig. Wie will man sich den zarten Sinnesfreuden hingeben, wenn ständig Hunde vorbeischauen und einem mal eben die Füße abschnüffeln. Wenn überall Kinder rennen und »ich bin schneller« rufen. Wenn sich fremde Menschen auf die Parkbank dazuquetschen, um zu lesen oder die Aussicht zu genießen. Seitdem im Biergarten sogar Ferngläser auf der Terrasse montiert wurden, ist es mit der Diskretion ohnehin vorbei.

Aber als Städter muss man bescheiden bleiben. Viele Menschen buhlen um das bisschen Platz in der Stuttgarter City. Bewohner, Shopper, Touris bevölkern die Straßen, die Kids mit ihren Boards, dazu die JGAs, wie die Junggesellenabschiede sich heute nennen. Die Straßen sind voll – und bevor tatsächlich mal etwas Ruhe einkehren könnte, fallen die Nachschwärmer aus dem Umland ein.

Deshalb war es eine der großartigsten Leistungen, dass die Stadt Stuttgart der Familie von Gustav Siegle ein paar Quadratmeter ihres stolzen Grundbesitzes abtrotzen konnte und der Verschönerungsverein seinem Namen auf diesem Hügel schon seit 150 Jahren alle Ehre macht. Dort, wo einst eine Handvoll reicher Herrschaften lustwandelte und sich im Sommerhäuschen die Limonade servieren ließ, dort regiert heute das Volk: Die Karlshöhe ist für alle da.

Naherholung mitten in der Innenstadt. Die Marienstraße hoch, ein paar Stufen genommen – schon begrüßt einen die Natur,

MITTEN IN DER CITY WÄCHST DAS GRÜN ÜPPIG UND UNGESTÜM.

zwitschern die Vögel und balancieren Eichhörnchen über die Äste. Aus allen Winkeln kriecht der Efeu, klettert auf die Zäune, beschlagnahmt mit imperialistischem Eifer Stock und Stein, Mäuerchen und Pfade und wächst um die Wette mit Kastanien, Linden und Haselnusssträuchern.

DURCH DAS NASSE HERBSTLAUB STAPFEN

Es gibt in Stuttgart viele Parks, die Karlshöhe aber ist besonders. Wäre die Fläche topfeben, hätte man sie in ein paar Minuten abgelaufen. Hier aber wurde das Optimum herausgeholt und schlängeln sich die Wege weitläufig nach oben, vorbei an Terrassen und Zwischenebenen.

Im Mittelalter begann man, den Reinsburghügel, der immerhin schon zwei Millionen Jahre alt ist, als Steinbruch zu nutzen – die Stiftskirche wurde aus dem hier gebrochenen Schilfsandstein gebaut. Im Lauf der Jahrhunderte wurde eine empfindlich tiefe Mulde aus dem Berg herausgeschlagen – die das Gelände heute topografisch so überraschend macht. Hier führt der Weg in eine waldige Senke, dort eröffnen sich Plateaus. Ständig stößt man auf unerwartete Hügel, Täler, Wege, Treppen und Terrassen, sodass der Eindruck einer vielfältigen Naturlandschaft entsteht. Im Herbst und Winter ist es am schönsten auf der Karlshöhe, weil man durchs nasse Laub stapft, die Pfade schmutzig und erdig sind, die Feuchtigkeit durch die Jacke kriecht, die Ohren kalt werden und man für einen Moment spürt, wie sich Leben jenseits von zivilisatorischem Luxus anfühlt.

So geht es durchs Unterholz und über Anhöhen, vorbei an wild wuchernden Büschen und dornigen Hecken – bis plötzlich zwischen Grün und Kraut ein riesiger Schädel mit Bart auftaucht. Es ist Zeus, dem Karl Donndorf 1911 hier ein markantes Denkmal setzte und ausgerechnet diesem elendesten aller Schwerenöter den Unterleib raubte. Der Bildhauer hat den Gott, der seinen Samen sogar als Goldregen über die nichtsahnende Danae rieseln ließ, quasi unschädlich gemacht – und Pallas Athene tanzt ihm nun herausfordernd auf dem Kopf herum mit gerecktem Speer. Sie ist eine Tochter des Potenzprotzes und der griechischen Mythologie nach dem Kopf von Zeus entstiegen – in voller Rüstung und Montur.

Donndorfs neoklassizistisches Brunnenkunstwerk mag man sich ja noch gefallen lassen, aber manchmal würde man sich schon wünschen, dass das bisschen Grün in der Stadt nicht auch noch möbliert würde mit kunterbunten Stahlstreben, geometrischen Konstruktionen oder unmodern gewordenen Betonbrunnen. Am Fuße der Karlshöhe sollen die Spaziergänger an Elly Heuss denken. Sie war die Gründerin des Müttergenesungswerkes, weshalb sie mit einem Brunnenbecken und drei lesenden Figuren gewürdigt wird. Der Bildhauer Fritz Nuss hat das Ensemble 1962 geschaffen: übergroße, fast grobschlächtige Frauen mit viel zu langen Füßen. Man weiß gar nicht genau, was diese Schlachtweiber anhaben, die Arme sind ins Kleid eingepackt, eingeschnürt wie Koffer, die am Flughafen in Zellophan gewickelt wurden.

PARADEBEISPIEL FÜR EINEN DEMOKRATISCHEN GEIST

Aber diese paar hundert Quadratmeter Grün sind eben ein Paradebeispiel für einen demokratischen Geist. Alles hat seinen Platz – von der Kinderrutsche bis zur Kunst, vom geselligen Biergarten bis zur feudalen Villa Gemmingen, die immer noch in Privatbesitz ist und in ihrer leblosen Schönheit hinterm hohen Zaun die Frage aufwirft, wie viel Platz ein Mensch zum Leben eigentlich braucht.

IM SOMMER HERRSCHT IM BIERGARTEN AUF DER KARLSHÖHE HOCHBETRIEB, ABER AUCH AUF
DEN WIESEN UND BÄNKEN RINGSUM WIRD ORDENTLICH GEZECHT.

So bedient die Karlshöhe so ziemlich alle Interessen und wird entsprechend nach einem eng getakteten Schichtbetrieb genutzt von Hundehaltern mit ihren pieselnden Tölen, von jungen Familien, Kids beim Volleyball, Basketball oder Tischtennis, von Joggern und Walkern und natürlich auch der Belegschaft der Allianz, die hier in der Pause Luft schnappt oder ihre Stulle isst. Kaum haben die Tagesgäste die Bänke geräumt, strömt in den Sommermonaten nach Feierabend auch schon wieder das arbeitende Volk in den Biergarten. Und weil die Stadt längst die Parkwächter eingespart hat, die abends abriegelten, gehören die Bänke und Wiesen in der Nacht nun dem Partyvolk.

So hoch der Durchlauf aber sein mag, unter den zahllosen Besuchern der Karlshöhe würde man vermutlich nicht einen mehr finden, den man heute mit Erdbeer- oder Bananenmilch locken könnte. Kein Schulkind würde sich je noch die Mühe machen und auf den 343 Meter hohen Hügel hinaufschnaufen – nur für eine Buttermilch. Früher war das anders. Als 1961 in Stuttgart eine Bundesgartenschau stattfand, wurde die Karlshöhe neu geordnet. Das alte Sommerhaus der Familie Siegle wurde abgerissen, und Rolf Gutbrod, der Architekt der Liederhalle, baute eine Milchbar samt Unterstehhalle, Aussichtsterrasse und eleganter Treppe. Die Kinder vergnügten sich an den Wasserspielen, und der Höhepunkt des sonntäglichen Ausflugs waren eine Milch und ein Fürst-Pückler-Eis.

FREIWILLIGE KÜMMERN SICH UM DIE WEINREBEN

Heute scheint das schönste Freizeitvergnügen des modernen Menschen das Saufen zu sein und gibt es auf der Karlshöhe Alk bis zum Abwinken. Im Biergarten werden die Steinkrüge im Akkord gefüllt, und auf den Grünflächen unterhalb der Aussichtsterrasse stolpert man über den Müll von den nächtlichen Gelagen: Wodka-Flaschen, Pino Grigio, Sekt, Hugo.

Dabei müsste man hier doch eigentlich stilecht Wein trinken – und zwar einen frischen Lemberger direkt von der Karlshöhe. Denn was wohl keine Stadt dieser Welt zu bieten hat, ist in Stuttgart selbstverständlich: mitten in der City Weinstöcke, keinen Kilometer von C & A und H & M entfernt. Die Römer brachten vor fast 2000 Jahren den Weinbau nach Württemberg – und immer noch wachsen an Stuttgarts Hängen Trollinger, Riesling und Kerner. Jahr für Jahr balancieren freiwillige Helfer auf den steilen Mauerterrassen, schnippeln Trauben und binden Stöcke hoch. Alles Handarbeit. Ende des 19. Jahrhunderts mussten die Reben zwar auf der Karlshöhe Villen und Gärten weichen. Die kleine, einst von Gustav Siegle angelegte Rebfläche ist aber noch erhalten und durchaus ergiebig – und trägt ihr Scherflein bei zu den jährlich 100 000 Litern Wein von Stuttgarter Hängen.

»Jetzt machen wir mal ein Wettrennen, wer am besten runterkullern kann«, sagt ein kleines Mädchen, und die Mutter will noch »Stopp« rufen. Aber warum denn nicht über die Wiese rollen, heute können Grasflecken Mutti doch nicht mehr schrecken, mit ihrem tüchtigen Waschmittel daheim kann sie waschen, waschen, waschen. Mögen die Kinder hier noch viele Jahre rollen, rollen, rollen, bevor wieder Begehrlichkeiten aufkommen. Anfang des 19. Jahrhunderts wollte man auf der Karlshöhe ein Deutsches Symphoniehaus errichten, die Nazis planten wiederum, ein monumentales Sendehaus zu bauen. Gut, dass es nicht dazu kam, denn sonst wäre die Karlshöhe wohl nie so berühmt geworden, wie sie es heute ist. Nicht als Naherholungsziel. Sondern als Drehort. 1978 wurde hier der Tatort »Rot – rot – tot« gedreht, in dem Curd Jürgens einen Frauenmörder spielt und seine Gattin um die Ecke bringt. Es wurde der erfolgreichste Tatort, der jemals produziert wurde.

GOLDENER DRACHE
IDEOLOGIEFREI
VEGETARISCH

»BEI DEUTSCHEM ESSEN DARF MAN DAS MESSER NIE VERGESSEN«

Man stelle sich vor: Fleischküchle mit Salzkartoffeln und Senf, Rinderlende mit grünen Bohnen, paniertes Schnitzel mit Kroketten und Brokkoli. Würde man auf den Tellern gutdeutscher Gaststätten aber das Fleisch weglassen, bliebe eine sehr traurige Angelegenheit übrig. Man bekäme statt Rostbraten nur arme Spätzle mit Zwiebelgarnitur. Die Maultaschen wären nicht mehr als schlaffe Teiglappen, und statt am knusprigen Hähnchenschenkel zu nagen, würde man sich am trockenen Reis verschlucken.

Die deutsche Esskultur mag es gern groß, klar, entschieden: Fleisch, Sättigungsbeilage und Alibigemüse. Alles schön separat. Hier der saftige Braten, dort die dicken Klöße – und dazu zwei Blumenkohlröschen. Hauptsache ein ordentliches Stück Schweineschnitzel oder eine saftige Keule. Jetzt beginnt die Arbeit, ritsche ratsche, mit viel Tücke das Fleisch zerlegt in kleine Stücke. Nur was sorgsam portioniert, wird in das Mündchen transportiert. Darum darf bei deutschem Essen man das Messer nie vergessen.

In der asiatischen Küche werden die Zutaten dagegen vom Koch bereits klein geschnitten und mundgerecht serviert. In Hochgeschwindigkeit werden auf dem Küchenbrett aus Möhren Scheiben, aus Auberginen Würfel, aus Paprika Schnitze. Würde man bei thailändischen Gerichten das Fleisch weglassen, fiele das gar nicht weiter auf in dem kunterbunten Allerlei, das in curryroter Kokosmilch schwimmt und scharf ist, sehr scharf sogar.

EIN STÜCK HEIMAT IN DER OLGASTRASSE

Deshalb sind thailändische Gerichte nichts für ambitionierte deutsche Hobbyköche. Sie taugen nicht zum Angeben, weil man weder Edelstahlkasserolle, Keramikpfanne noch Kupferkessel benötigt, nicht Schmortopf, Bräter und Dampfgarer, nicht einmal eine Cocotte oder Sauteuse. Thailänder trinken zum Essen gern auch einen schlichten Jasmintee – sodass der arme Küchenprotz nach dem Dinner nicht mal seine verchromte Zwei-Kreis-System-Espresso-Maschine mit Profibrühkopf aus Messing in Gang setzen kann. Was für ein Jammer.

Wenn Trong Thinh Nguyen in seiner kleinen Küche steht, benötigt er kaum mehr als Holzbrett, Messer, Wok, Abseihlöffel, Wender – und knackheißes Feuer. Im Minutentakt mischt er köstliche Gerichte zusammen. Gemüse mit Mango und frischem Koriander, Tintenfisch mit Basilikum oder Ente mit Cashewkernen. Paniertes Fischfilet mit Ananas oder gebratener Tofu in Thay Curry. Mit Reis. Und ohne Glutamat.

EXOTISCHE NAMEN WIE »PHO XAO« ODER »DÂU SÔT CÀ CHUA«

Vor zwanzig Jahren ging man hierzulande gelegentlich zum Chinesen. Bis heute glauben deshalb viele, dass alle Asiaten nichts anderes als knusprig gebratene Ente süß-sauer essen würden oder Rind Chop Suey. Eigentlich müssten die Vietnamesen und Thailänder laut protestieren, denn ihre Spezialitäten haben mit Chop Suey so viel zu tun wie Saibling-Filet an Schnittlauch-Beurreblanc mit Fish and Chips. Zwischen die meist lausigen China-Restaurants haben sich längst kleine Thai-Imbisse gemogelt mit ihrer so viel besseren Küche: feine Currys mit vielfältigsten Gemüse-Mischungen in Erdnusssoße oder knusprige Ente mit Chili und Basilikum.

Seit 1990 verköstigen Lehang Do und ihr Mann Trong Thinh Nguyen im »Goldenen Drachen« ihre Gäste in der Olgastraße mit schnellen, gesunden Köstlichkeiten, die es in mehr als hundert Varianten gibt. Hühnerbrustfilet, Schweinefleisch, Rind oder Ente mit Gemüse oder tropischen Früchten, mit oder ohne Kokosmilch, mit Ingwer oder Koriander – und natürlich auch süß-sauer. Das ist, was die Stuttgarter mögen, wobei die Gastleute überzeugt sind, dass die thailändische Küche zwar gut ist, es aber noch eine bessere gibt: die Küche ihrer Heimat Vietnam. Mit pädagogischem Eifer versuchen sie ihre Kundschaft davon zu überzeugen – und setzen immer mehr vietnamesische Spezialitäten auf die Karte, Speisen mit exotischen Namen wie »Pho xao« oder »Dâu Sôt Cà Chua«.

Zugegeben, die beiden überschaubaren Geträume des »Goldenen Drachen« sind nicht gerade schön. Der rostrote Steinboden erinnert an die düsteren Siebzigerjahre, die Decken sind niedrig, die Kunststofffenster klein. Aber in jedem Winkel des »Goldenen Drachen« kann man erkennen, dass Lehang Do versucht, das Beste aus diesen zwei lausigen Räumen zu machen, die sie liebevoll dekoriert. An den Wänden hängen Gemälde. Alle zwei Jahre reist das Ehepaar nach Vietnam zur Verwandtschaft, und jedes Mal hat es auf der Rückreise ein Stück Heimat im Gepäck, holzgeschnitzte Figuren oder Bilder. Inzwischen kann man im Sommer sogar vor dem Haus in der Sonne sitzen, die beiden haben das verwilderte Beet mit Bambussträuchern verschönert und bringen an diese gewöhnliche Straßenecke fast so etwas wie Flair.

DER WOK BLEIBT NUR SELTEN KALT

Für viele Gäste ist der »Goldene Drache« eine Art Zuhause geworden, man freut sich den Vormittag über auf die 85 mit Ingwer oder die 42 mit Basilikum. Wer einmal im Drachen gegessen hat, kommt immer wieder, weil es schmeckt, aber auch, weil man spürt, dass es ein Familienbetrieb ist, in dem nicht nur Dienst nach Vorschrift absolviert und die Gäste schnell und effektiv abgefertigt werden. Eine freie Stunde am Nachmittag und einen Ruhetag pro Woche, mehr gönnen sich die beiden Gastleute nicht. Während andere Lokale ihren Gästen einen strengen Terminplan diktieren und um 14 Uhr den Herd abschalten, richtet man sich im »Goldenen Drachen« nach den Bedürfnissen des modernen Großstädters. Und der will zu den unmöglichsten Tageszeiten verköstigt werden – und das auch bitte schnell und günstig.

Stuttgart ist bundesweit führend: Vierzig Prozent der Bewohnerinnen und Bewohner haben Migrationshintergrund. Besonders gut ist die Globalisierung beim Essen gelungen. Selbstverständ-

EIN STICHWORT FEHLT: IM »GOLDENEN DRACHEN« KOCHT MAN SCHNELL, PREISWERT – UND GUT.

DIE DEKORATION BRINGT DIE FAMILIE VON IHREN REISEN IN DIE HEIMAT VIETNAM MIT.

lich wird heute multikulturell gespeist, Sushi, Döner, Pizza sind zu urdeutschen Gerichten geworden. Aber die thailändische und die vietnamesische Küche sind mehr als eine kulinarische Bereicherung. Denn letztlich kommt hier selbstverständlich auf den Tisch, was hochglänzende Livestyle-Magazine als neue Trends ausrufen und Hipster meinen, entdeckt und für sich gepachtet zu haben. Vegetarisch? Im »Goldenen Drachen« ein ganz alter Hut. Vegan? Nicht der Rede wert. Es gibt selbstverständlich eine Vielzahl an Gemüsegerichten. Und es wurde schon Tofu serviert, als das hierzulande noch kein Mensch je probiert hatte.

Während Promis sich in Interviews über ihre Gemüseexzesse auslassen, während auf allen Fernsehkanälen und in der Apotheken-Umschau gepredigt, ermuntert, kritisiert wird, kocht man im »Goldenen Drachen« mit und ohne Fleisch, vegetarisch, vegan, ideologiefrei. Kokosmilch statt Mehlschwitze. Karotten, Zucchini und Zwiebeln, die Pilze und der Brokkoli kommen al dente aus dem Wok – auch ohne die Ermahnungen moderner Ernährungsberater, die gebetsmühlenartig wiederkäuen, Lebensmittel doch bitte nicht so lange zu kochen, bis sich sämtliche Nährstoffe verflüchtigt haben.

SELBST IN GOURMET-TEMPELN GIBT ES CONVENIENCE-PRODUKTE

Aber das Beste ist: Die Zutaten sind frisch. Man muss sich nicht einbilden, dass die Köche der hochgelobten Stuttgarter Restaurants die Spaghetti nero al Sepia selbst einfärben, dass der Küchenchef in der schwäbischen Traditionsgaststätte die Fleischküchle von Meisterhand formt oder die Soßen höchstpersönlich anrührt. Sogar für Gourmettempel gibt es inzwischen ein ausgetüfteltes Sortiment an Convenience-Produkten. Je dringlicher Ärzte und Gesundheitsapostel mahnen, sich frisch zu ernähren, desto mehr Convenience und Tiefkühlkost scheinen die Restaurants sogar auf den Tisch zu bringen. Aufreißen, aufwärmen, aufessen.

Im »Goldenen Drachen« kann man sich mit eigenen Augen überzeugen, dass frisch gekocht wird, weshalb man auch nach einer Extraportion Ingwer fragen kann oder darum bitten, die rote Paprika wegzulassen. Selbst der Mittagstisch wird für jeden Gast einzelnen gekocht – höchstpersönlich. Für 4,80 Euro. Trotzdem geht es im »Goldenen Drachen« deutlich schneller als in anderen Restaurants. Und gerade weil man die heiß dampfenden Reisnudeln mit Ei, Gemüse und Tofu so verlässlich flink serviert bekommt, kann man in seiner knappen Mittagspause ganz in Ruhe speisen, entspannt und friedlich, wie es der goldene Buddha ist, der mit göttlicher Gelassenheit und dickem Bäuchlein auf der Theke sitzt.

IN DER KÜCHE MUSS JEDER HANDGRIFF PERFEKT SITZEN

Wenn die hungrigen Gäste mal wieder im Vorraum Schlange stehen, wenn das Telefon ständig klingelt und die Bestellungen im Sekundentakt eingehen, dann spürt man, dass die beste buddhistische Gelassenheit nicht vor Stresssymptomen schützt. Dann zischt es in den Woks und jagen die Messer über die Brettchen, tanzen die Karottenschnitze und Brokkoliröschen hektisch im Fett und werden die Entenbrüste hinterm Tresen im Akkord zerlegt. Jeder Handgriff sitzt, Koriander, Zitronengras, Kokosmilch – alles steht bereit.

Trong Thinh Nguyen und Lehang Do bleiben trotzdem freundlich in ihrer leisen, zurückhaltenden Art. Aufdringlichkeit und Lautstärke scheinen ihnen ganz und gar fremd zu sein. Wie oft erlebt man Kellner, die um die Aufmerksamkeit ihrer Gäste buhlen, die hofiert und umgarnt sein wollen. Ihre Gunst muss man sich mit ordentlichem Trinkgeld, stetem Lob und überschwänglichem Dank über die Jahre sehr hart erarbeiten. Aber ein falsches Wort genügt, schon wird man abgestraft, bekommt den Teller schroff hingepfeffert und später die Rechnung ohne ein einziges Wort serviert.

Im »Goldenen Drachen« staunt man, wie zurückhaltend und diskret Gastronomie sein kann. Keine polternde Fröhlichkeit, keine bierselige Geselligkeit. Große, kräftige Menschen sitzen wie Riesen auf den schlanken Stühlen und fangen wegen der Schärfe der Gerichte an zu schwitzen. Manche bemühen sich sogar, mit Stäbchen zu essen, so verlockend und verführerisch ist diese fremde, exotische Welt, die doch längst zum Stuttgarter Alltag gehört, ganz selbstverständlich und sympathisch. Natürlich auch, weil es schmeckt. Ganz im Sinne einer alten vietnamesischen Weisheit, die besagt: Das Leben ist zu kurz, um schlechte Suppen zu essen.

DER BUDDHA ERINNERT DIE GASTRONOMEN DARAN, AUCH IM HÖCHSTEN STRESS GELASSEN ZU BLEIBEN.

PORSCHE MUSEUM
GEBAUTER
GEISTRAUM

A WIE AUSPUFF,
B WIE BESCHLEUNIGUNG,
M WIE MYTHOS

Natürlich ist es ein albernes Klischee, nichts als eine geistlose Unterstellung. Trotzdem denkt man beim Stichwort Porsche unweigerlich an graumelierte Männer Anfang sechzig. Dezent gebräunt, Rolex am Handgelenk, Marken-Polo-Shirt, Bundfaltenhosen und Wildlederslippers. Und in der Garage einen 911-er. In Rot. Was sonst.

Den Stuttgartern kann das nur recht sein. Denn Stuttgart ist durch und durch Autostadt. Das Automobil ist es, das Stuttgart bekannt gemacht hat – und zwar auf der gesamten Welt. Vermutlich kann man an einer Hand die Flecken auf dieser Erde abzählen, an denen noch niemand von Mercedes oder Porsche gehört hat. Die Wagen fahren in Südafrika und Südkorea über die Straßen, in Neuseeland und Argentinien – und gelten allüberall als gediegen, verlässlich, solide. Stuttgarter Autos sind nicht nur Fahrzeuge, sie sind Statussymbole.

Und nicht nur deshalb sah sogar Detroit neben Stuttgart immer blass aus: Stuttgart steht nicht allein für Autoproduktion und Industrie, sondern auch für Erfindergeist und Könnerschaft. Schließlich hat es gleich mehrere Pioniere des Automobils vorzuweisen. Gottlieb Daimler und Wilhelm Maybach entwickelten gemeinsam den ersten schnell laufenden Benzinmotor, Ferdinand Porsche konstruierte den Kraft-durch-Freude-Wagen, den Käfer, und in seiner Garage auf dem Killesberg die berühmten Auto-Union-Rennwagen. Und als sei das Auto-Gen erblich, schuf sein Enkel schließlich noch die Sportwagenlegende schlechthin: den

Porsche 911. Nebenbei verpassten die Herren damit den Stuttgartern das Image: tüchtig, clever, wohlhabend.

So, wie Grundschüler Stadt, Land, Fluss in ihrer Heimat auswendig lernen müssen, so sollte der ordentliche Stuttgarter entsprechend das städtische ABC beherrschen. A wie Auspuff, B wie Beschleunigung, C wie Cabriolet, D wie Daimler, P wie Porsche und M wie Mythos. Denn der Porsche 911 ist mehr als Wirtschaftsfaktor und Statussymbol, er ist ein Fetisch, ein Heiligtum. Deshalb wird im Porsche-Museum der Berlin-Rom-Wagen, der als Ursprung aller Porsche-Modelle gilt, wie eine Monstranz im Gottesdienst präsentiert. Sakrisch schnittige, stromlinienförmige Leichtmetall-Karosserie, gebürstetes Aluminium, das magisch glänzt und schillert wie ein Juwel. Schade, dass er 1939 nicht wie geplant beim Langstreckenrennen von Berlin nach Rom antreten konnte, der Zweite Weltkrieg kam dazwischen.

HOHELIED AUF DIE HEROEN DES PORSCHE-OLYMPS

2009 wurde in Zuffenhausen das Porsche-Museum eröffnet. Anders als das Mercedes-Museum erzählt es keine Kulturgeschichte und reflektiert den Siegeszug des Automobils auch nicht im Spiegel der historischen Ereignisse. Stattdessen werden die Heiligtümer strahlend zelebriert und die Marke Porsche wie Kronjuwelen gefeiert. Das neue Museum besitze »die Weite einer lichten Kathedrale«, schrieb die Presse zur Einweihung – und seither wird in dieser weißen Betonwolke tagtäglich Gottesdienst abgehalten und ein Hohelied auf die Heroen des Porsche-Olymps gesungen: Typ 928, Typ 968, Typ 356 – oder wie sie auch heißen mögen.

Aber, aber, das sollte man schon wissen. Deshalb hat man im Porsche-Museum etwa die Konturlinien der verschiedenen 911-er-Modelle übereinander an die Wand gezeichnet – und werden im Wechsel Fotos darauf projiziert, sodass man sich fast bemüßigt fühlt, emsig auswendig zu lernen, wie unterschiedlich die Frontlichter gestaltet, wie das Heck jeweils geschwungen ist. Um dann gleich noch eine Runde Vokabeln zu büffeln: Antriebswelle, Achsquerrohr und Ansaugbrücke, Drehstabfederung, Endschalldämpfer, Bypass-Ventil und Jetronik.

Wie nebenbei tröpfeln einem beim Rundgang Begriffe wie Härtetest, Alltagstauglichkeit und Zuverlässigkeit ins Hirn und erfährt man von einem tüchtigen 944-er, der mal eben von Nordamerika über Europa bis nach Asien gefahren ist. Mit allen Sinnen werden die Besucher auf die Marke eingeschworen, deren süßen Klang man sogar hören kann. Wenn man an der Hörstation den 911-er startet und ordentlich aufs Pedal tritt, dann jault der

DIE PORSCHE-LEGENDEN WERDEN WIE HEILIGTÜMER ZELEBRIERT.

brummende Motor durch die Boxen und bebt der Boden. Plötzlich fühlt man sich wie einer dieser dämlichen PS-Protze, die so gern durch die Stuttgarter City heizen, um ihren röhrenden Auspuff mit aufgeschweißtem Endrohr hören zu lassen.

Mehr noch: Aus den diversen Porsche-Sounds lässt sich ein lässiger Klangteppich komponieren. Zum Grundbeat kann man das Klicken der Gurte dazu mischen, das Klackern des Gasgestänges, den feinen Knack beim Einschalten des Lichts – und bum tschak, bum bum tschak, wummert ein lässiger Sound. Fehlt nur noch, dass man Abgasgeruchsproben nehmen darf. Führen die Wagen mit Biodiesel, würde es dann immerhin lecker nach Frittenfett riechen.

EMISSIONEN UND BLECHSCHÄDEN HABEN HIER NICHTS ZU SUCHEN

Aber damit die strahlend weißen Wände keine Flecken bekommen oder Öl auf die harten weißen Bodenfliesen tropft, werden im Porsche-Museum lästige Themen ausgeklammert. Ferdinands Nazi-Vergangenheit, Zwangsarbeiter oder CO_2-Emissionen, Blechschäden oder Tatütata lässt man bei einer Geschwindigkeit von 354 Sachen pro Stunde doch lässig hinter sich. Kaum fährt man diese endlos lange Rolltreppe hinauf ins schwäbische Walhalla, fallen die Sorgen und Nöte der profanen Welt von einem ab und ist vergessen, dass die Autostadt Stuttgart leider auch Staustadt Nummer eins ist – und das übrigens nicht erst in jüngerer Zeit. Schon in den Dreißigerjahren hatte Stuttgart in Deutschland den stärksten Verkehr – mit bereits 23 000 Personenwagen.

Heute rieselt der Feinstaub und legt sich auf die Fenstersimse. 300 000 Personenwagen sind derzeit in Stuttgart zugelassen – dazu kommen noch die Busse, Lastwagen und endlosen Pendlerströme. Für manchen Fahrer der zahllosen Wagen aus Esslingen, Böblingen, Ludwigsburg, Aalen ist die Stuttgarter Innenstadt deshalb das größte Verkehrshindernis. Ohne die lästigen Stuttgarter könnten sie Stuttgart viel besser passieren.

Letztlich haben sich alle Oberbürgermeister entsprechend an demselben Problem abgearbeitet, ob es der Nationalsozialist Karl Strölin war, Arnulf Klett, Manfred Rommel oder heute Fritz Kuhn: Sie versuchen, diese Stadt, durch die sich permanent Blechlawinen schieben, irgendwie attraktiv zu halten, sicher auch für jene, die hier leben, aber vor allem für die Touristen und Geschäftsleute, die Gäste aus aller Welt, die für einen Tag von der Schweiz zum Shopping nach Stuttgart fahren oder aus Asien kommen und einen kurzen Zwischenstopp einlegen.

Im Porschemuseum staunt man, wie international Stuttgart längst ist. Die Besucher sprechen Spanisch, Japanisch oder häufig auch breites Amerikanisch – »This is a very special one« und »It's beautiful«. Mehr als ein Drittel der Besucher kommt aus dem Ausland – und tatsächlich muss man Besucher an dieser Stelle nicht gendern: Denn es sind häufig Männer, Geschäftsreisende, aber auch Männergruppen und Altherrenvereine, die sich sonst zum Fußball, Kartenspiel oder Stammtisch treffen – und heute mal ohne die Frauen einen Ausflug nach Zuffenhausen machen. Mit den Händen in den Hosentaschen stehen sie vor dem Roadster und fachsimpeln über Straßenlage und Getriebe. Man ahnt, dass sie nichts dagegen hätten, ihren geleasten Opel oder den VW-Kombi einzutauschen gegen einen schnittigen 911-er mit schwarzer Vollleder-Ausstattung, Leichtmetallfelgen und Soundsystem – um damit am Samstagnachmittag röhrend rüber zum Baumarkt zu heizen. »Früher«, sagt einer der älteren Herren, »bin ich Alfa-Spider gefahren.« Immerhin.

In Wirklichkeit aber sind es nicht die Targas, Carreras und Boxsters, die das Porsche-Museum besonders machen, sondern es ist das Gebäude, diese radikal neue Architektur, die alles sprengt, was je gebaut wurde. Als das junge Büro Delugan Meissl aus Wien den Wettbewerb gewann, glaubte niemand ernsthaft daran, dass sich realisieren ließe, was diese Visionäre so beiläufig aufs Papier gekritzelt hatten: eine Wolke, in die von unten eine Nadel sticht. Eine Idee, die die Statiker und Ingenieure an den Rand des Nervenzusammenbruchs brachte. Die Eröffnung musste mehrfach verschoben werden, und aus fünfzig wurden schließlich hundert Millionen Euro. Der weiß strahlende Monolith liegt nur auf drei Stützen auf. Obwohl 6 000 Tonnen Stahl verbaut wurden, scheint der Baukörper durch die spiegelnde Fläche an der Unterseite des Gebäudes wie entmaterialisiert. Es ist aufregend, über die schier endlos lange Rolltreppe in diese Wolke zu gleiten, dieses undefinierbare Monstrum, eher gebauter Geistraum als fassbare Architektur.

Zunächst wirkt die Ausstellungsfläche überschaubar und unspektakulär, aber diese Räume machen etwas mit einem, sie

HINTER DEM MYTHOS STECKT HANDFESTE INGENIEURSKUNST.

FLIRRENDES WEISS, VERSCHACHTELTE RÄUME: IN DEM MUSEUM VERFLIESSEN RAUM UND ZEIT.

rauben die Orientierung, sie fließen dahin, verflüchtigen sich. Konturen lösen sich auf. Vorne und Hinten, Links und Rechts verschmelzen. Es ist kaum möglich, den Grundriss nachzuzeichnen, zu definieren, wo ein Plateau in die nächste Haarnadelkurve übergeht, wie die Brücken, Treppen, Galerien, Kojen und Flure zusammenhängen, wo der spiegelnde Fußboden ansteigt und wo er wieder waagrecht verläuft. Plötzlich ist man, ohne es zu bemerken, im Obergeschoss gelandet, als würden nicht wir uns in der Architektur bewegen, sondern als würde umgekehrt die Architektur die Besucher vorwärtsbewegen. Und obwohl man meint, die gesamte Fläche im Blick zu haben, sucht man die Rolltreppen, die doch so unübersehbar durch die Ausstellung gleiten. »Wie kommen wir da jetzt hin?«, fragt eine Frau irritiert, »sind wir hier hochgekommen?«

DAS WÄRE ES: MIT ROLL-SCHUHEN ÜBER DIE WEISSEN FLIESEN ZU GLEITEN

Zugegeben, noch fantastischer wäre das Raumerlebnis ohne die Autos. Und dann: Rollschuhe anschnallen und über die weißen Fliesen gleiten, jenseits von Raum und Zeit. Denn nur eine kleine Glasfront erinnert an das Treiben draußen, ansonsten ist die Realität ausgesperrt, was das Gefühl verstärkt, in der vierten Dimension gelandet zu sein, in einer virtuellen Welt, in der man sich wie im Computerspiel vorwärtsbewegt und zwar weiß, dass man Räume hinter sich gelassen hat, sich aber immer nur im Hier und Jetzt befindet. Das ist irrwitzig und aufregend zugleich.

Als krönender Abschluss des Rundgangs und Aufstieg zum Olymp: Steigen Sie ein! Der Tiger unter den Porsches steht bereit – der Macan. Sechs Zylinder, 360 PS, 256 Kilometer pro Stunde, wenn man ihn denn fahren könnte. Immerhin darf man einsteigen und es sich auf den dick gepolsterten Sitzen in diesem über-

NACH DEM RUNDGANG VERSTEHT MAN DIE SCHWÄBISCHE (TÜFTLER-)SEELE BESSER.

dimensionierten Cockpit gemütlich machen. Wie viele Seiten wird die Gebrauchsanleitung umfassen? Wie viele Kilometer muss man runterreißen, bis man weiß, was Source, Sport und Sport plus mit dem Gefährt anstellen, und wann man in den Off-Road-Modus gehen könnte?

Und wie nach einer Reise durch eine andere Welt, einer Expedition ins Universum, einer Spritztour zum Olymp gleitet man schließlich auf der Rolltreppe hinab und versucht wieder Tritt zu fassen auf dem Boden der Tatsachen. Vielleicht hat man ein bisschen mehr von der schwäbischen Seele verstanden. Und fast wäre man versucht, im Shop einen kleinen Spielzeug-911er zu kaufen oder zumindest 911-er-Büroklammern. Denn wenn es nicht gerade ein Modell aus den Siebzigerjahren ist in schrillem Grün, muss man doch anerkennen: Ganz schlecht ist das Design nicht geraten.

HAUS DER KATHOLISCHEN KIRCHE

KAFFEEKLATSCH MIT DEN BARMHERZIGEN SCHWESTERN

»ANDERE ZUFLUCHT
HAB ICH KEINE«

Wenn die Füße brennen vom kräftezehrenden Marsch, wenn
der Buckel krumm ist vom Bündel, an dem man zu tragen hat,
dann lässt sich der Wanderer ermattet nieder und kühlt seine
trockene Kehle dankbar am frischen Quellwasser. Einmal kurz
durchschnaufen, ehe es ihn wieder hinaustreibt in die Wirren
des Lebens, die raue Welt, das schnöde Sein. »Andre Zuflucht
hab ich keine, hilflos schmieg ich mich an dich; lass, o lass mich
nicht alleine, hebe, Herr, und stärke mich.«

Man kann sich mit einem Schluck frischen Wassers begnü-
gen, das es kostenlos am marmornen Brunnen gibt. Aber wer in
das Haus der Katholischen Kirche kommt, freut sich meistens
doch auf einen schönen Kaffee mit geschäumter Milch und
einem habhaften Stück Torte oder auf einen gedeckten Apfelku-
chen mit viel Sahne. Vielleicht auch auf ein paar Pralinchen zur
heiß dampfenden Trinkschokolade. Allzu verführerisch ist die
Auswahl an kleinen oder auch größeren Köstlichkeiten. Die
Katholiken wussten eben immer schon, wie man den leiblichen
Genüssen frönt.

Mit dem Haus der Katholischen Kirche ist eine neue Ära ein-
geläutet worden. Dort, wo früher McDonald's war, ist etwas Besonderes entstanden: ein Ort der Entschleunigung, an dem, wie der
Bischof einmal gesagt hat, niemand etwas kaufen, leisten, produ-
zieren müsse. Wenn man von der Fußgängerzone aus durch den
unscheinbaren gläsernen Eingang tritt, muss man selbstverständlich keine fein gebackenen Tee-Öhrchen mit zarter Zuckerkruste

kaufen. Man kann sich aber auch an der nie abreißenden Schlange anstellen und eine Latte Macchiato bestellen und sich ein paar Trüffel gönnen, die man bei der Zeitungslektüre genüsslich verspeist.

Auch die Katholische Kirche hat längst begriffen, dass sie sich in Willkommenskultur üben muss. Die Menschen strömen schon seit Jahren nicht mehr in Scharen in die Kirchen und erzählen willig im Beichtstuhl von ihren Sünden, den unkeuschen Gedanken und schuldhaften Verfehlungen. Es ist erwiesen, dass der Mensch an die 200 Mal am Tag lügt. Er könnte gar nicht so viel beichten, wie er müsste, weshalb es die meisten gleich ganz aufgegeben haben. Deshalb erlaubt die Kirche sich inzwischen kluge Marketing-Strategien und lockt ihre Schäfchen durchaus raffiniert in ihre Hallen.

AUCH DIE KIRCHE HAT MANCHMAL HINTERGEDANKEN

Auf den ersten Blick ist das Haus der Katholischen Kirche ein modernes Café mit Selbstbedienung. Die Architektur wirkt wie ein offener, ganz und gar städtischer Raum, ein scheinbar neutraler Durchgang von der König- zur Stauffenbergstraße. Aber natürlich leistet sich die Kirche dieses sogenannte niederschwellige Angebot nicht ohne Hintergedanken, sondern will damit möglichst viele Menschen daran erinnern, dass es die Kirche noch gibt und sie in der modernen Stadtgesellschaft einen festen Platz einnimmt, selbst wenn er hart erkämpft ist. Denn das Haus wurde neben den Dom St. Eberhard gezwängt – auf ein wahrlich überschaubares Grundstück, einen schmalen Streifen von gerade mal 13 Metern Breite. Einst waren Kirchen und Kathedralen die größten und wichtigsten Bauten einer Stadt, heute muss man sich bescheiden.

VOM ALLTAG ERSCHÖPFTE WANDERER FINDEN ZUFLUCHT BEI DER KIRCHE – UND BESTELLEN
ERST MAL KAFFEE UND KUCHEN.

DAS HAUS ZWÄNGT SICH AUF EIN GRUNDSTÜCK VON NUR 13 METERN BREITE.

Trotzdem ist es gelungen, dass in dem Atrium kein Gefühl der Enge aufkommt. Luftig öffnet sich der helle Raum himmelwärts, wo jenseits des Glasdaches irgendwo der liebe Gott sitzen soll und auf seine Schäfchen herunterblickt. So weltlich es hinter der Theke klappert, wird doch mit jedem Espresso auch ein besonderer Geist serviert. Die schöne, schmeichelnde Wand aus gebrochenem Maulbronner Sandstein, der klar strukturierte Raum, die kühlen, sachlichen Linien schaffen eine ganz eigene Stimmung und verströmen Ruhe. Eben war man noch mitten drin in den Menschenmassen, die auf Jagd nach Shoppingtrophäen sind, musste sich noch im Gedudel und Gedränge seinen Weg frei boxen. Kaum aber betritt man diese fast heiligen Hallen, kann man innehalten, durchschnaufen, runterkommen. Hier ist man Mensch, hier darf man sein.

Gastronomische und innere Einkehr liegen in Wirklichkeit nämlich dicht beieinander. Plötzlich scheinen Moden und Marken keine Rolle mehr zu spielen und wirkt das äußerliche Treiben schal und nichtig. Denn in diesem schönen, leichten Atrium regieren nicht Konsum und Kapital. Es gibt zwar Läden, aber keine, die zum Kaufrausch verführen wollen. »Die Psalmen«, »Der Vatikan« oder »Menschenbilder der Bibel« heißen die Titel in der Buchhandlung, »Ora et Labora«, »Das kleine Pilger-ABC« und »Heilen mit Hildegard«. Selbst wenn man den Raum der Stille nicht nutzt, so erinnert er durch seine bloße Existenz daran, dass es das ja auch gibt, das Nichts, die absolute Ruhe – ohne zu müssen, zu rennen und zu leisten. Ob man will oder nicht, fühlt man sich plötzlich auf friedliche Weise an die Mittelmäßigkeit der eigenen Existenz erinnert, an das schlichte So-Sein.

SELBST SELBSTLOSE NONNEN GÖNNEN SICH SÜSSE SÜNDEN

Ein seltenes Bild: Im Haus der Katholischen Kirche kann man ganz selbstverständlich Nonnen sehen. Wo trifft man sonst noch Menschen, die nicht ihrer Individualität frönen, nicht nach Selbstverwirklichung streben, sondern es sich zur Lebensaufgabe gemacht haben, was sich unsereiner bestenfalls als Luxus leistet: Mitmenschlichkeit.

Sie wollen Armen, Kranken, Bedürftigen helfen – grad so wie einst Vinzenz von Paul, der Volksküchen organisierte, Galeerensträflingen half und sich der Findelkinder annahm. Gemeinsam mit Luise von Marillac gründete Vinzenz von Paul eine religiöse Frauengemeinschaft, deren Nonnen, statt sich ins Kloster zurückzuziehen, dort hingingen, wo Not war, also mitten ins Leben hinein. Deshalb trifft man sie heute in der City zwischen Douglas und New Yorker.

Do

NUR EINE UNAUFFÄLLIGE TÜR TRENNT DAS BELEBTE CAFÉ VON DER DOMKIRCHE ST. EBERHARD.

rche

Nach einem Jahr des Kennenlernens werden die Anwärterinnen der Gemeinschaft zunächst Novizinnen und erhalten ihr Ordenskleid und den Schwesternnamen. Nach zwei Jahren legen sie dann ihre feierliche Profess ab sowie das Gelübde, dass sie fortan in Armut leben wollen, ehelos und gehorsam. Unglücklich schauen diese Barmherzigen Schwestern, die es hier in die Königstraße verschlagen hat, eigentlich nicht aus. Wie sie so geschäftig hin und her eilen, plaudern, lachen, aufmuntern, grüßen, winken, muss man unweigerlich an Schwester Hanna und ihre Mitschwestern aus Kloster Kaltental denken. Die Nonnen aus der erfolgreichsten deutschen Fernsehserie aller Zeiten sind absolut pragmatisch und bringen mit kühnen Tricks das Gute auf den Weg.

SOLL MAN SICH ZU IGNATIANISCHEN EINZELEXERZITIEN ANMELDEN?

Vielleicht interpretieren die Schwestern vom Heiligen Vinzenz die Sache mit dem Gehorsam wie Schwester Hanna auch auf ganz eigene Art. Und sicher werden auch sie sich hin und wieder eine süße Maultasche aus weißer Schokolade gönnen oder zumindest einen Roibusch-Tee mit Vanille. Selbst wenn sie vielleicht nur hundert Mal am Tag lügen und sich weniger Sünden zuschulden kommen lassen als unsereiner, sind ja auch sie nur Menschen wie du und ich und all die anderen, die auf den schönen Holzbänken verschnaufen und sinnieren, in der Zeitung blättern oder in den ausliegenden Broschüren lesen, in Infomaterial zur Trauer- und Sterbebegleitung, Faltblättern zu Seminaren im Kloster, zu Rückzug und Besinnung, zu Exerzitien und Meditation.

Es kann einem schon bang werden bei der Vorstellung, alles abwerfen zu müssen, in einem zugigen Kloster mit nichts als einem leichten Hemd bekleidet tagelang bei Wasser und Brot schweigen zu müssen. Oder kniend zu versuchen, die ständig hüpfenden und uns tückisch beherrschenden Gedanken und Gefühle unter Kontrolle zu bringen, »zu verweilen in heiligem Nichtstun«, wie es in einer der Broschüren heißt. Vielleicht sollte man sich tatsächlich mal anmelden zu Ignatianischen Einzelexerzitien mit Impulsen, zu Bibliodrama-Exerzitien oder Meditationsexerzitien im Stile des Zen.

Und unmerklich drängen sich beim Espresso mit samtiger Crema und Teegebäck plötzlich doch Fragen auf: Ist es das richtige Leben, das man führt? Wird man seinen eigenen Werten gerecht? Wäre man nicht doch lieber ein anderer, ein besserer Mensch? Und was ist es, »was uns tatsächlich satt macht«, wie es in dem Begleitheft des Hauses heißt?

»Das Glück kommt gern durchs Gartentor«, steht auf einem Buch gleich neben dem Tisch, auf den nun gerade wieder ein hungriger Passant sein kleines Metalltablett gestellt hat und braunen Zucker in seinen Milchkaffee rührt. Und plötzlich wird einem ganz friedlich ums Herz in diesen ja doch irgendwie heiligen Hallen, in denen man auf sein schlichtes Sein zurückgeworfen wird, ganz elementar, bescheiden und zufrieden, weil das Glück vielleicht durchs Gartentor kommt, manchmal aber auch Hallo sagt bei einer simplen Tasse Tee und, man gönnt sich ja sonst nichts, zumindest einer kleinen, süßen Maultasche aus zart schmelzendem Nougat umhüllt mit feinster weißer Schokolade.

WEISSENHOF-SIEDLUNG
KEIN ORT FÜR COCOONING

AN DEN WEBER-GRILL
WURDE NICHT GEDACHT

Sie müssen leider draußen bleiben: Wohlstandsbäuche, gut genährte Vertreter der Generation XXXL. Die High-and-Mighties und Adipösen unserer Tage haben das Nachsehen, sie passen nicht durch die schmalen Türchen und Tore, die Klappbetten würden unter ihrem Gewicht zusammenbrechen. Sie könnten sich vielleicht in die winzige Toilette zwängen, aber wehe, sie drehen und wenden sich. Hinein mögen sie kommen, hinaus nimmer mehr.

Man kann den Lauf der Geschichte in Pfunden nachmessen. Denn auch wenn mancher Fabrikbesitzer früherer Jahre auf dem stattlichen Wanst ein feistes Gesicht mit dicker Zigarre im Maul sitzen hatte, so war der gemeine Mensch vor knapp hundert Jahren noch schlank und rank und vor allem klein genug, um sich an den Türrahmen der Weißenhofsiedlung nicht die Stirn aufzuschlagen.

Wie Gulliver in Liliput fühlt man sich, wenn man vor den Musterbauten steht, die 1927 auf dem Killesberg entstanden sind. Die Treppchen und Kämmerchen sind kompakt wie im Hosentaschenformat, die Türen oft nur fünfzig Zentimeter breit. Die Reihenhäuschen von Jacobus Johannes Pieter Oud im Pankokweg haben auf der Rückseite Balkone von gerade mal einem Quadratmeter Fläche. Es sind eher Austritte zum Luftschnappen – und als moderner Freizeitmensch fragt man sich, wo man hier seine Holz-Garnitur unterbringen soll, an den Weber-Grill gar nicht zu denken. Die Häuser sind auch mit einem Garten ausgestattet, der einen unschlagbaren Vorteil besitzt: Man muss sich keinen Rasenmäher anschaffen, weil man die paar Quadratmeter lässig mit der Küchenschere schneiden könnte.

Die Weißenhofsiedlung ist zweifellos das wichtigste und internationalste Kulturdenkmal, das Stuttgart besitzt. Seit Kurzem gehören die Gebäude von Le Corbusier sogar zum Weltkulturerbe. Aus aller Welt reisen die Architekturkenner an und laufen interessiert durch die kleinen Sträßchen, sinnieren über Bimshohlblocksteine und Stahlbetonbalkendecken, über Kubatur, Fassadengestaltung, Erschließung und Beleuchtung, Fugen und Handläufe. Hier ist die Moderne zu Hause und wird demonstriert, dass Häuser kein Giebeldach benötigen und Fassaden auch weiß oder sogar

AUS ALLER WELT REISEN ARCHITEKTURLIEBHABER AN, UM ETWA DAS MEHRFAMILIENHAUS VON LUDWIG MIES VAN DER ROHE ZU BESICHTIGEN.

blau sein können, dass ein Wohnzimmer keine gemusterte Tapete benötigt, sondern Wände auch kühn farbig sein dürfen – in Rosa, Ocker, Hellgrau oder Umbra.

Aber vor allem begreift man auf dem Weißenhof, auf welch großem Fuß wir heute leben, wie viel Raum wir selbstverständlich beanspruchen. Ob es Flugzeugsitze oder Parkplätze sind, Badewannen oder Sofalandschaften, alles wird länger, breiter, ausladender. Niemand findet es anstößig, wenn eine Person auf achtzig Quadratmetern lebt. Schließlich muss man irgendwo hin mit seinem 65-Zoll-Full-HD-LED-Fernseher und dem 1,80-Meter-Holztisch aus geölter französischer Nuss.

SCHLAFGÄNGER UND AFTERMIETER OHNE EIGENES BETT

Auch heute wird von Wohnungsnot gesprochen, die Zustände zu Beginn des 20. Jahrhunderts aber waren drastischer. 1927 fehlten in Deutschland mindestens 600 000 Wohnungen. Da der Immobilienmarkt fest in privater Hand lag, waren die Mieten oft so hoch, dass sich eine Familie mit fünf Kindern selbstverständlich zwei Zimmer teilte, aber trotzdem noch einen Schlafgänger oder Aftermieter hatte, Fremde, die nicht einmal ein eigenes Bett besaßen und sich am Tage in fremden Federn ausschlafen mussten.

Lebst du schon, oder wohnst du noch? Von wegen, in den Mietskasernen hauste man eher in den düsteren Wohnungen, mit der Hygiene war es nicht weit her. Heute mögen Kinder keine Rolle rückwärts machen können, 1910 hatten sie oft sogar handfeste Mangelerscheinungen. Tuberkulose und Rachitis waren typische Volkskrankheiten. Als der Deutsche Werkbund die Ausstellung »Die Wohnung« initiierte und 21 Gebäude errichtet wurden, wollten die Architekten deshalb vor allem Licht und frische Luft in die Wohnstuben holen. Sie konzipierten begehbare Flachdächer, Freiflächen und Balkone. Im Einfamilienhaus von Adolf Gustav Schneck kann man sogar direkt vom Badezimmer auf eine Terrasse für Leibesübungen heraustreten. Ein paar Kniebeugen zwischen Zähneputzen und Frisieren.

Die Bauabteilung der Stadt hoffte auf Bauten, die vom Althergebrachten abweichen. Die Architekten gingen sogar noch einen Schritt weiter und wollten mit den Wohnhäusern zugleich eine bessere Gesellschaft konstruieren. Deshalb bauten sie nicht nur für die Reichen und Mächtigen, sondern für die breite Masse. Die Oud-Reihenhäuser haben gerade mal 73 Quadratmeter Grundfläche, aber immerhin: ein eigenes Heim für die Familie. Neue Materialien und Methoden sollten die Kosten senken, außerdem experimentierte man mit typisierten und rationalisierten Elementen. Im Grunde wurde durch die Weißenhofsiedlung der Weg für Fertighäuser und Modulbauweise geebnet.

Ohne die Ideen dieser internationalen Architektenschar gäbe es heute vielleicht keine Sofas, auf denen man auch schlafen kann, keine Klapptische und Hocker mit Stauraum. Platz ist in der kleinsten Hütte, man muss ihn nur intelligent konzipieren. Praktisch, pragmatisch, aber auch effizient. Deshalb war Mart Stam daran gelegen, die Zahl der Staubwinkel und Möbel zu reduzieren. Die Architektur sollte auf die neue Lebenswelt zugeschnitten sein.

Vor allem war es die Emanzipation der Frauen, die die Gesellschaft veränderte. Denn auch sie gingen nun häufig Geld verdienen – aber weil sie nebenbei noch den Haushalt schmeißen mussten, sollte die Küche in dem Doppelhaus von Le Corbusier praktisch sein, funktional, leicht zu reinigen und gut zu handhaben. Dass auch mal andere Familienmitglieder abtrocknen oder Kartoffeln schälen, wurde von vornherein verhindert. In dem kleinen Raum würde man sich gegenseitig doch nur auf die Füße treten. Dafür ist alles effizient und pragmatisch arrangiert, damit die moderne Hausfrau zügig die Wäsche waschen, nebenher im Topf rühren und auf der dicken Arbeitsplatte gleich noch das Gemüse schnippeln kann – während Vati nebenan die Zeitung

KLEIN, ABER MEIN: DIE REIHENHÄUSER VON J. J. P. OUD IM PANKOKWEG

liest oder vielleicht ein schönes Bad nimmt. Das Tageslichtbad mit Wanne ist bei Le Corbusier nämlich schöner und großzügiger geraten als in mancher heutigen Wohnung.

Singles kannte man damals freilich noch nicht. Die Wohnungen und Häuser, die in den ausgehenden Zwanzigerjahren für rigorosen Fortschritt standen, orientierten sich selbstverständlich am traditionellen Familienmodell: Vater, Mutter, Kinder – und unten im Souterrain vielleicht noch das Hausmädchen, dem im Doppelhaus von Le Corbusier immerhin das gewährt wird, was dem Rest der Familie versagt ist: Privatsphäre.

Auch heute müssen die Bewohner dieser bedeutenden baulichen Zeugnisse der Moderne manche Unbequemlichkeit in Kauf nehmen. In dem Haus von Mart Stam gibt es keine Türen, die Zimmer lassen sich deshalb nicht einzeln beheizen. Ständig stört man sich gegenseitig, immer läuft jemand am anderen vorbei, weil der Wohnraum offen ist. Anstelle von Mauern gibt es Regale und Durchreichen, die zwar extrem praktisch sind, aber auch sehr hellhörig. Zum Cocooning taugen diese Wohnungen und Häuser nicht.

Aber auch sonst ist es gewöhnungsbedürftig, in einem öffentlichen Museum zu leben. Manche Bewohner sind genervt von den ewigen Besuchergruppen, die versuchen, einen Blick ins Wohnzimmer zu erhaschen, neugierig die Namensschilder lesen und die Blumen in den Beeten studieren, als sei es das Selbstverständlichste, Fremden beim Leben zuzuschauen. Deshalb hat jemand einen Paravent direkt hinter das Gartentor gestellt, um die Blicke abzuschirmen. Fluch und Segen zugleich: Vieles mag klein und kompakt an diesen Wohnungen sein, die Fenster aber sind oft großzügig, sodass man sich mit dem Sonnenlicht auch die neugierigen Blicke ins Haus holt.

INVESTOREN KÖNNTE DIE AUSSICHT GEFALLEN

»Araberdorf« und »Vorstadt Jerusalems« wurde die Weißenhofsiedlung einst genannt, weil die Fassaden so strahlend weiß waren. Den Nazis war die »undeutsche« internationale Ausrichtung und die gebaute Freigeistigkeit ein Dorn im Auge, 1944 wurde ein Teil der Siedlung dann auch ohne ihr Zutun durch Sprengbomben zerstört. Aber auch später war der Stadt nicht immer bewusst, welches Kleinod sie besitzt. Umso erfreulicher, dass die Siedlung schließlich doch saniert und im Doppelhaus von Le Corbusier und Pierre Jeanneret ein Museum eingerichtet wurde. Sogar die schmale Außentreppe ohne Geländer durfte bleiben, obwohl sie allen Bau- und Sicherheitsvorschriften zuwiderläuft. So darf der radikal weltoffene Geist des neuen Bauens weiterhin über den Killesberg wehen, selbst wenn potente Investoren sicher sehr viel Geld in die Hand nehmen würden, um in exklusive Luxusvillen mit unverbaubarem Ausblick zu investieren.

Die meisten Bewohner der Weißenhofsiedlung sind sehr stolz, in dieser Architektur von Weltrang leben zu dürfen – obwohl sie eher ins Fitnessstudio oder joggen gehen werden statt die Schiebetür vom Badezimmer zu öffnen, damit ein Gymnastikraum entsteht. Vermutlich werden sie den Trockenboden als Rumpelkammer nutzen, werden das Dienstmädchenzimmer zum Büro umfunktioniert haben und stellen im sogenannten Arbeitshof bestenfalls das Rad ab. Auch die radikalste Idee kommt eben irgendwann aus der Mode, während das bewährte Alte sich manchmal länger hält, als es etwa Mart Stam vermutete. Wir würden in fünfzig Jahren nicht mehr waschen, Apfeltorten backen, Nudeln bereiten oder Gemüse und Obst für die Wintermonate einmachen, prophezeite er 1927. Er hatte recht – und auch nicht. Denn auch wenn man heute sein Mittagessen beim Asiaten holen mag, wird eben doch noch Kuchen gebacken. Selbst wenn es eine Fertigmischung von Dr. Oetker ist.

RÖMERKASTELL
SCHÖNE NEUE MEDIENWELT

WO SELBST DIE GEBÄUDEREINIGUNG HIP IST

Es war wie ein Fünfer im Lotto. Der Hauptgewinn. Ein Volltreffer. Das Paradies auf Erden. Manche Leute suchen monate-, gar jahrelang nach der richtigen Wohnung, bezahlbar und einigermaßen schön. Und dann steht das, wovon man kaum zu träumen wagte, wie selbstverständlich im Internet: ein Loft für »Individualisten«. Gut hundert Quadratmeter, neue Küche, Balkon, Tiefgarage, teilmöbliert mit luxuriösen Designermöbeln, die man aber auch auslagern könne. Der Besitzer – ein Besserverdiener, Karrierist, Jetset, busy, immer unterwegs. Deshalb habe er schnell nach London umziehen müssen und suche für sein Loft kurzfristig Nachmieter. Die Miete pro Monat 700 Euro. Bingo!

Manche mögen es Naivität nennen. Andererseits ist es doch auch irgendwie sympathisch, wenn man anderen Menschen nicht grundsätzlich das Schlechteste unterstellt. Wenn man an das Gute glaubt und aufgeregt zum Römerkastell fährt, um zu sondieren, welche Fenster zu dem fantastischen Loft gehören könnten, ob der Balkon auf der Südseite liegt, wie die Parkplatzsituation ist und die Nachbarn ticken.

Sicher ist: Im Römerkastell hat man sehr lässige Nachbarn. Cool und modern. Wer in diesem schön sanierten, denkmalgeschützten Gemäuer lebt oder arbeitet, macht meist etwas mit Medien, mit Film oder Produktion. Hier gibt es keine schnöden Betriebe oder Büros, sondern Agenturen für Training und Solution, Consulting und Communication, für Marketing und Management, Digital Commerce und E-Business. Die Unternehmen heißen »Cinestore« und »Poolgroup«, »Say cheese to me« oder »Musikwirtschaft«. Alles irgendwie witzig, ironisch – und auf jeden Fall auf Englisch. Sogar die Briefkästen sind originell – Blechrohre mit Schlitz.

Im Römerkastell regieren die drei Ps: Party, Promis, Präsentation. Da ist selbst die Gebäudereinigung irgendwie hip. Zwischen Regio-TV, Macromedia Hochschule und »Energy – Hit Music only« gibt es auch ein Gläsergeschäft – »Glas- & Bar supply«, als wäre hier der Bedarf an Gläsern für coole Drinks besonders groß. Geschüttelt, nicht gerührt ...

Eine Location wie das Römerkastell erwartet man in Stuttgart eigentlich gar nicht, weil gebetsmühlenartig wiederholt wird, Stuttgart sei kein Medienstandort. München, ja, Berlin selbstverständlich auch, aber Stuttgart doch nicht. In Stuttgart habe man es verpasst, sich als Produktionsstandort zu etablieren. Der Zug sei raus. Die großen Produktionen würden andernorts abgewickelt.

VERFOLGUNGSJAGD VOR LAUFENDER KAMERA

Auf dem Parkplatz im Römerkastell parkt aber sehr wohl ein Streifenwagen, der auf seinen nächsten Einsatz wartet. Der Schriftzug »Polizei« wurde vorübergehend abgeklebt. »Filmfahrzeug« steht auf dem Mercedes Kombi, der für einen Einsatz im harten Leben allerdings kaum taugen würde, weil er weder eine Rundumkennleuchte noch ein Folgetonhorn besitzt, nicht mal mit Funkgerät und Anhaltesignalgeber ist er ausgestattet. Nichts, was ein Polizeioberwachtmeister benötigte, wenn er Verkehrsrowdys an die Seite winken wollte oder zu einer der zahllosen Schlägereien auf dem Cannstatter Wasen gerufen würde.

Der gläserne Vorbau an der einstigen Kaserne des Römerkastells ist berühmt. Woche für Woche ist er immer donnerstags

IN DER HIGH-TECH-WELT GEHT ES MANCHMAL AUCH GANZ TRADITIONELL UND HANDFEST ZU.

im ZDF zu sehen – wenn die »Soko Stuttgart« wieder versucht, aufzuklären, warum jemand auf der Karlshöhe oder im Theaterhaus, in einer Villa auf dem Killesberg oder einer Galerie im Königsbau erschossen, erstochen, erdrosselt oder vergiftet wurde. Wenn es nach den Drehbuchautoren geht, dann steckt Stuttgart voll kaltblütiger Killer, deshalb müssen sich die Kriminalhauptkommissarin Martina Seiffert und ihr Kollege Stoll ständig Kaffee am Getränkeautomaten holen. Auch das Mittagessen nehmen sie in den schicken, weißen Plastikschalen ein, die in dem gläsernen Anbau stehen. Nebenher fachsimpeln sie über Alibis und das, was die KTU bereits herausbekommen hat. Wenn Kommissar Stoll schließlich in seinen Sportschlitten vor der Tür einsteigt, muss

KOMPLETT SANIERT, ABER DENNOCH STECKT IN DEM AREAL VIEL ALTER CHARME.

ein Statist mit eben diesem Mercedes-Kombi ohne Funkgerät und Rundumkennleuchte auf dem Parkplatz vor- und zurückfahren und ein Gesicht machen, als sei er auf dem Weg zu einem wichtigen Großeinsatz. Kamera ab!

Seit 2009 läuft die »Soko Stuttgart« im Zweiten im Vorabendprogramm, die Innenaufnahmen werden im Römerkastell gedreht – und die Fernsehzuschauer der Republik staunen, wie schick die Stuttgarter Polizei zu residieren scheint: Die Verhöre werden in stylishen Räumen mit Backsteinwänden und Holzjalousien durchgeführt. Der Chef thront in einem gläsernen Edelbüro. Der Nerd Ricco hat eine Hightech-Schaltzentrale, in der er jedes Computerprogramm geknackt bekommt und sich in sämtliche Bankkonten einloggen kann. Und Kommissar Stoll wohnt auf einem Boot mitten im Hafen. In der »Soko« zeigt sich Stuttgart von einer sehr lässigen Seite.

Während der Drehpausen wird das Team am Catering-Wagen verköstigt, der vor der ehemaligen Kaserne parkt. Aber eigentlich geht man, wenn man im Römerkastell arbeitet, zum Mittagstisch ins Pilum, einer Art rustikalem Fengshui-Fachwerk im Kolonialstil. Im Sommer kann man herrlich im Freien sitzen und die Zehen wie am Strand in den Sand bohren. Abends wird es auf diesem trendigen Areal sogar richtig lauschig. Der Parkplatz nebenan wird dann hübsch von überdimensionalen Tischlämpchen erleuchtet. Irgendwo wird Holz gehackt und gießt jemand die Tomatenpflänzchen in Terracottatöpfen.

DIE KÖNIGLICHE KOMPANIE IM STECHSCHRITT

»Promotionfreunde klopfen nicht an die Scheibe«, steht auf einem Zettel, der auf eine Glasfront geklebt wurde. Das könnte einen fast auf die Idee bringen, die bärtigen Männer, die hier

HAUPTSACHE ORIGINELL: IMMER WIEDER GIBT ES KURIOSES ZU ENTDECKEN.

überall auf teuren Designermöbeln an ihren Laptops hängen, zu ärgern, sie anzuglotzen und zu fotografieren, als seien auch sie schützenswerte Ausstellungsstücke in dieser so aufregend anmutenden Medienwelt.

Es hat lange gedauert, bis man endlich einen Investor fand, der sich des heruntergekommenen, unter Denkmalschutz stehenden Areals annahm, der die Reithalle und die diversen massigen Bauten sanierte, sodass sie wieder freundlich dreinschauen mit ihrem gelben Putz und den Sockeln aus Sandsteinbrocken. Zu Beginn des 20. Jahrhunderts wurde das Kastellgelände für Dragonertruppen gebaut, aber schon die Römer hatten hier, an der Neckarlinie des Neckar-Odenwald-Limes, ein Militärlager. Deshalb besitzt das Areal den Charakter eines abgeschlossenen Bollwerks und werden immer wieder Versuche unternommen, es mehr an die Umgebung anzubinden und zum Hallschlag zu öffnen. Zuletzt ist dort, wo früher der Reitplatz und eine überdachte Stallung lagen, ein Supermarkt entstanden.

An den Außenmauern der Macromedia-Akademie hängen noch die Eisenhaken, an denen die Soldaten ihre Pferde festmachten, zahllose sind es – und König Wilhelm II. wird ein ordentlich schlagkräftiges Heer besessen haben, das täglich im Hof exerzieren musste. Links um. Marsch. Kompanie stillgestanden!

DIE TV-SOKO HAT DIE SCHÖNEREN BÜROS

Im Vergleich zu damals geht es heute eher ruhig zu. Manche wünschten sich, dass in dem Film-, Musik- und Medienzentrum auch große Kulturveranstaltungen und Popkonzerte stattfänden – und nicht nur Firmenevents, Modenschauen, Messen oder als Höhepunkt des Jahres brasilianischer Karneval. Dann würde sich vielleicht endlich herumsprechen, dass Stuttgart sehr wohl eine wache Großstadt auf der Höhe der Zeit ist und reichlich kreatives Potenzial besitzt, auch wenn das immer wieder geleugnet wird.

Im Römerkastell gibt es übrigens sehr, sehr viele Parkplätze, eine Tiefgarage aber existiert nicht. Die Wohnungen haben auch keine Balkone, es finden sich nur vereinzelte Terrassen. Deshalb hat sich das fantastische, bestechend günstige Traumloft schließlich doch zerschlagen. Die Nachbarn schüttelten die Köpfe, hier habe nie ein Engländer gewohnt, erst recht keiner, der kurzfristig beruflich nach London habe umziehen müssen.

Im Internet dann schließlich die traurige Gewissheit. In zahllosen Artikeln wird von der immer gleichen Masche berichtet: Eine Anzeige auf einem Immobilienportal verspricht ein Traumobjekt zum Spottpreis. Der Besitzer ist gerade im Ausland, schickt den Wohnungsschlüssel aber gern, sobald man per Treuhandservice der Western Union die fette Kaution überwiesen hat. Die wäre aber umgehend in der Tasche eines miesen, fiesen Gauners gelandet. Wie lautet der Leitspruch der Polizei so schön: Sei klüger als der Betrüger.

Apropos Polizei. Auch hier ist die Wirklichkeit nüchterner, als die Soko uns vorgaukelt. Statt stylisher Backsteinwände nur vergilbte Raufasertapete, angemackte Resopalschreibtische und ein altmodischer Computer, in den der diensthabende Beamte sehr langsam und umständlich die Anzeige eintippt: Mietbetrug im Internet. »Und«, fragt der Polizist, »Ihre Adresse, wo wohnen Sie«? Tja, leider doch nicht in einem Designerloft im schicken Römerkastell zwischen Producern und Coaches, Agenturen für Training und Solution, Consulting und Communication, Marketing und Management.

UHLANDSHÖHE
AUF RUDOLF STEINERS
SPUREN

»DER SONNE LIEBES LICHT, ES HELLET MIR DEN TAG«

In der Schule lernt man eben doch fürs Leben. Wer einst ein kluger Schüler war, denkt mit. In aller Ruhe schlägt er den Ball an die Bande, damit er in munterem Zickzack durch die Hindernisse hindurchjagt. Links und rechts und links und rechts – und schon hat man die Hürden gemeistert und ist dem Ziel ein gutes Stück näher. Dank an Lehrer Lämpel, der stets predigte: Einfallswinkel gleich Ausfallswinkel.

Meistens geht es dann doch schief, was man streberhaft strategisch errechnet hat – und am Ende hat man beim Minigolf mehr Schläge benötigt als jene, die einfach nur draufkloppen. Bei was, bitte? Beim Minigolf? Gibt es das überhaupt noch? Spielt noch jemand Minigolf? Und ob. Auf der Uhlandshöhe kann man sich tatsächlich noch Schläger, Ball, Blöckle und Blei leihen und auf 18 Bahnen sein Glück versuchen. Manchmal wird gemosert, die Anlage sei altmodisch, sei in die Jahre gekommen. Dabei war es eben dieses Kleingolfplätzle, das Stuttgart einst internationales Flair verschaffte. Anfang der Fünfzigerjahre wurde in Ascona am Lago Maggiore die erste normierte Minigolf-Anlage eröffnet – und plötzlich schossen landauf, landab Minigolf-Plätze aus dem Boden. Überall flogen die Bälle über Hindernisse, rollten auf Hügel und über Bodenwellen, flogen in Netze oder kullerten nach einem schmissigen Looping hinein ins Löchle.

Als selbst die Brüder und Schwestern in der Zone bereits eigene Anlagen besaßen, konnte Stuttgart nicht länger nachstehen. 1962 wurde die erste Minigolf-Anlage auf der Uhlandshöhe

IN DEN SECHZIGER JAHREN WAR MINIGOLF SCHWER IN MODE,
1962 BEKAM STUTTGART SEINE ERSTE ANLAGE.

eingeweiht – und ein voller Erfolg. An den Wochenenden musste häufig wegen Überfüllung geschlossen werden. 1968 wurden hier sogar die Deutschen Meisterschaften im Minigolf ausgetragen. Mit einem Schlag zum Ziel.

Heute erinnert diese rührende, kleine Anlage daran, dass die Freuden des Alltags nicht immer spektakulär sein müssen und man auch ohne Crossgolf, Bike-Polo, Waveboarden und Kite-Surfen glücklich sein kann. Und damit ist man dem Geist der Uhlandshöhe schon ein gutes Stück näher gerückt. Denn es ist nicht irgendeine Park- und Freizeitanlage auf irgendeinem Stuttgarter Hügel: Die Uhlandshöhe ist der spirituellste Hügel der

DEM UNIVERSUM EIN STÜCK NÄHER: IN DER STERNWARTE KANN MAN DEN HIMMEL ERKUNDEN.

Stadt. Stuttgart ist die Hauptstadt der Anthroposophie – und das Herz der Bewegung schlägt auf der Uhle. Genau hier konzipierte und erprobte Rudolf Steiner die Waldorfpädagogik.

Der Mensch, so Steiners Idee, müsse höhere seelische Fähigkeiten entwickeln, damit er zu übersinnlichen Erkenntnissen gelangt und »das Geistige im Menschen zum Geistigen im Weltall« führt. Dazu müsse man sich christlich-spirituell, künstlerisch und sozial betätigen. Kinder waren für Steiner geistige Wesen, die es zu respektieren gilt – und statt sie zu formen, appellierte er, ihre eigenen Fähigkeiten und Anlagen zu fördern. Deshalb, wurde gern gespottet, müssten Waldorf-Kinder zu Hause nicht den Tisch abdecken oder gar abtrocknen.

Inzwischen wird auf allen Kontinenten der Erde das gelehrt, was Steiner in Stuttgart in der 1919 eröffneten Betriebsschule der Waldorf-Astoria-Fabrik entwickelte. Waldorf-Astoria produzierte Zigaretten, was damals noch niemand bedenklich fand. 1906 wurde das Stammhaus von Emil Molt gegründet, es steht noch heute in der Hackstraße. Molt war ein fortschrittlicher und sozialer Kopf, der die Welt ein wenig besser machen wollte und sich für die Anthroposophie begeisterte. Die »Einheitliche Volks- und Höhere Schule« war revolutionär. Molt gründete sie für die Kinder seiner Arbeiter und Angestellten. Die Schule nahm jeden auf, unabhängig von Herkunft, Konfession und Nationalität. Die Ausbildung des Lehrerkollegiums wurde Rudolf Steiner übertragen.

Selbst jene Stuttgarter, die mit der Idee des Geistigen im Weltall nicht viel am Hut haben und auch nicht mit den eurythmischen Übungen, die die Waldorf-Kinder praktizieren müssen, begleitet der anthroposophische Geist an vielen Ecken der Stadt: Ob man im Forum 3 einen Salsa- oder Töpferkurs belegt oder sich im Forum-Theater eine Inszenierung von Max Frischs »Homo Faber« anschaut. Ob man sich in der Filderklinik den Meniskus flicken lässt oder bei Alnatura einkauft. Überall finden sich Spuren von Steiners Ideen – und am Eugensplatz, einen Steinwurf von der Uhle entfernt, hat denn auch die GLS ihr Domizil, die Gemeinschaftsbank für Leihen und, Achtung: Schenken! Sie finanziert Projekte, die um soziale Gerechtigkeit bemüht sind, engagiert sich für Flüchtlinge und gegen Rassismus und vergibt – anders als die großen Geldinstitute – sogar Mikrokredite.

Geld ist eben doch nicht alles, lehrt dieser Hügel. Und wer es immer noch nicht begriffen hat, werfe nur einen Blick hinauf in die endlose Weite des Firmaments. Schon schrumpft das Ego und trollt sich die Gier nach irdischen Gütern, denn selbst die offensive Mehrwertphasen-Strategie mit gigantischer Wertentwicklung wirkt schal neben MVEMJSUN. M wie Merkur, V wie Venus, E wie Erde. Oder wie Eselsbrücke: Mein Vater erklärt mir jeden Samstag unseren Nachthimmel.

Hübsch ist das Türmchen mit rundem Blechdach. Im ehemaligen städtischen Wasserwerk auf der Uhlandshöhe, das Ende des 19. Jahrhunderts gemauert wurde, ist heute die Sternwarte untergebracht. Wenn es dunkel wird, öffnet sich die Kuppel, und man kann einen Blick durchs Teleskop werfen zu den Planeten und Sternen, auf denen, wer weiß, vielleicht auch gerade Kreaturen einen Blick zurückwerfen, und grübeln, ob es außer ihnen noch andere Lebewesen geben mag.

SONNENHUT, SONNENAUGE, SONNENRÖSCHEN

Leider haben Brandstifter die Sternwarte abgefackelt. Solange sie Baustelle ist, muss man mit dem Planetenweg vorlieb nehmen, einer Art begehbarem Sonnensystem, das sich über den Hügel zieht. Auf der Wiese neben dem Planetarium haben Kinder ein rundes Beet mit 800 gelb blühenden Pflanzen angelegt, Sonnenhut, Sonnenauge, Sonnenröschen und Sonnenblume. »Der Sonne liebes Licht, es hellet mir den Tag; der Seele Geistesmacht, sie gibt den Gliedern Kraft«, heißt es im Morgenspruch von Rudolf Steiner, mit dem bis heute die Waldorf-Schüler den Tag beginnen.

VON DER AUSSICHTSPLATTFORM AUF DER UHLANDSHÖHE KANN MAN DIE CITY HERANZOOMEN –
MIT DER KAMERA, DIE EIN BESSERES AUGE ALS DER MENSCH HAT.

Eigentlich sollten die Männer mal auf die Barrikaden gehen. Denn eines ist doch zutiefst ungerecht: dass bildende Künstler immer nur nackte Frauen abbilden, sich aber so gut wie nie dem männlichen Geschlecht widmen. Als sei des Mannes Gemächt nicht bildwürdig und zeigenswert. Aber auch der Bildhauer Bernd Stöcker hat nicht den lieben Adam, sondern die sündige Eva in Bronze gießen lassen. Nun steht die nackte Dame gleich neben dem Spielplatz und zeigt der Welt mit schlecht gelauntem Blick ihre brav modellierten Schamhaare. Und wieder war es das Weib, das zur Sünde verführte: Vor ein paar Jahren wurde die nackte Eva prompt gestohlen, in Polen fand man sie wieder – von Dieben zerschnitten in Einzelteile, die eingeschmolzen werden sollten. Deshalb musste der Künstler die Eva neu gießen.

Doch auch die Aussicht auf die Stuttgarter Innenstadt ist von der Uhlandshöhe aus ganz besonders. »Was ich ganz arg scheußlich finde, ist das Dach hinterm Königsbau«, sagt eine Frau, die mit Freunden zur Aussichtsterrasse spaziert ist und die Stadt ins Visier nimmt, die einem hier oben wahrlich zu Füßen liegt. Man meint sie zu kennen, aber plötzlich wirkt, was uns groß und wichtig erscheint, nichtig und klein. Das Opernhaus mit seinem Kulissengebäude ist zusammengeschnurrt auf Handtaschengröße, selbst das Schloss wirkt mickrig, während das grüne Dach des Kunstgebäudes protzig auftrumpft.

Aus dieser luftigen Perspektive verschieben sich die Maßstäbe. Die Topografie ist erstaunlich komplex und so schwer zu erfassen, dass sich das Auge hilflos an vertraute Bauten klammert. Das Hirn rattert, das Abstraktionsvermögen wird enorm strapaziert, um den vertrauten Blick der Frosch- auf die Vogelperspektive zu übertragen.

DIE VILLA REGINA HATTE EINE STAUBSAUGERANLAGE

»Welches wäre unser Haus?« fantasieren die älteren Herrschaften nun – denn freilich ist es attraktiv, auf der Uhlandshöhe zu wohnen. Das entging auch Friedrich Hauff nicht. Über Jahrhunderte waren exponierte Lagen selbstverständlich dem Adel vorbehalten, der in der Villa Berg oder auf Schloss Rosenstein residierte und den fantastischen Panoramablick allein genoss. Aber zunehmend beanspruchten auch Großbürgertum und Fabrikanten die netten Plätzchen – und Hauff, Seniorchef einer Feuerbacher Chemiefabrik, entdeckte für sich den Hügel. Dort, wo lange nur die Weinreben wuchsen, ließ Hauff sich 1904 eine Villa bauen, halb mittelalterliche Trutzburg, halb Märchenschloss. Ein kurioser Mix aus Jugendstilelementen und repräsentativen Details wie Loggia, Erker und Arkaden. Im Keller befand sich sogar eine zentrale Staubsaugeranlage, die Hauff selbst erfunden haben soll. Vor allem hatte die Villa Regina, benannt nach der Dame des Hauses, eine Garage, denn die Hauffs besaßen als eine der ersten Stuttgarter ein Auto, natürlich einen Daimler.

Nachdem die Nazis später ihren SS-Stützpunkt in die Villa verlegten und danach das Konsulat der Amerikaner einzog, wird hier heute gebastelt und gespielt – das Haus ist zum Werkstatthaus geworden. Ein paar Meter weiter trumpft aber schon die nächste Trutzburg auf, diesmal eine hochmoderne. Ein protziges Architekturbüro verschanzt sich zwischen den Villen an der Haußmannstraße hinter hoher Umzäunung, die markiert, dass man sich von dieser Welt abschotten und das gemeine Fußvolk aussperren will. Alles meins.

Gut, dass nebenan im Rudolf-Steiner-Haus die Anthroposophische Gesellschaft residiert und an das Geistige erinnert und den Blick von den Profanitäten des Lebens weglenkt hin ins Weltall. Wo, wer weiß, vielleicht gerade Kreaturen wie wir am Fenster sitzen, auf die ferne Erde schauen und grübeln, ob es außer ihnen noch andere Lebewesen geben könnte.

SPORTZENTRUM
W A L D A U
JEDER SO GUT ER KANN

EIN GESUNDER RÜCKEN KENNT NUR EINEN SCHMERZ: MUSKELKATER

Es gab Zeiten, da hat man das Thema lieber nicht angesprochen. Weil man anderen damit auf der Stelle die Laune verderben konnte. Weil es beim Gegenüber reflexhaft ein schlechtes Gewissen auslöste, vor allem bei jenen, die schon ins Schnaufen kommen, wenn sie aus dem Keller eine Flasche Bier holen. Verständnislos schütteln sie den Kopf, wenn man gesteht, dass man sich gern bewegt, dass es einem guttut, auf der Stelle zu hüpfen, dass es einem mitunter sogar süße Lust bereitet, Liegestützen zu machen oder Kniebeugen. In der Regel wurden solche Gespräche kurzerhand beendet mit dem Kommentar: Sport ist, wenn man samstags die Jogginghose anzieht und sich vor die Sportschau aufs Sofa haut.

Inzwischen ist Sport modern. Sofern man ihn nicht so nennt. Es wird gewalkt und gejoggt, man macht Crossfit und Guerilla-Yoga, Jumping-Workout, Fatburner-Step oder Superman Push-ups. An jeder Ecke der Stadt findet man Fitnessstudios, die »Move« heißen, »Activity« oder »Clever fit« und mit Club-in-Club-Konzepten locken, mit Womenlounge und Cardiokino, mit vollelektronisch gesteuertem Kraftzirkel und »neuen Dimensionen« des Kurstrainings. Die Hälfte der Deutschen treibt Sport, wandert oder joggt, stemmt Gewichte oder zieht Bahnen im Schwimmbecken, strampelt im Kollektiv auf Heimtrainern oder absolviert in der Mucki-Bude eine straffes Programm mit Schulterabduktion und Rückenextension, Bein-Adduktor und Lat-Drücken.

GERÄTE GIBT ES IN JEDEM FITNESS-STUDIO. TROTZDEM TRAINIERT ES SICH IM VEREIN ANDERS.

Ein gesunder Rücken kennt keinen Schmerz – außer Muskelkater. Deshalb gehört zum Kraftsport die Wellnessabteilung wie zur Anspannung die Entspannung. Erst wird an Maschinen geschwitzt, dann im SPA. Auch im Tus-fit, der Fitnessabteilung des Degerlocher Sportvereins, schlurfen viele, die gerade noch volle Power gegeben haben, in Adiletten und Bademantel rüber in die sogenannte Saunalandschaft.

Manche Studios haben mehrere Außen- und Innensaunas mit begrünten Terrassen, Dampfbad mit Sternenhimmel, beduftete Sanarien, Brunnen mit frischem Crushed Ice, beheizte Steinliegen und Infrarotsitze. Der Saunabereich des Tus-fit erinnert dagegen eher an einen umgebauten Hobbykeller. Es gibt alles, was man zum Saunieren benötigt, Tauchbecken und Massageduschen, Plastikliegen auf blauen Kunststoffmatten und sogar ein Solarium. Mehr aber auch nicht. 80 Grad Hitze, aber keine Glücksversprechen. Warmes und kaltes Wasser, aber keine designte SPA-Welt für ultimativen Genuss oder gar ein besseres Lebensgefühl. Saunieren im Tus ist wie ein Polo-Shirt ohne Krokodil.

Aber eben deshalb geht man in einen Verein. Weil Vereine bodenständig und grundsolide sind. Überkandidelten Luxus können sich Vereine nicht leisten. Das Tus-fit macht zwar manchen Trend mit, mischte bei der Zumba- und der Deep-Work-Mode mit und hat selbstverständlich auch Blackrolls angeschafft, weil heutzutage Faszien trainiert werden müssen. Aber gelegentlich wird eben auch zur Putzete aufgerufen. Im Verein weht ein anderer Geist.

SPORT MITTEN ZWISCHEN GRÜNEN WÄLDERN

Sport- und Freizeitanlagen, heißt es in der Städtebaulichen Lärmfibel der Stadt Stuttgart, seien vielfach mit starken Geräuschentwicklungen verbunden. Das führe zu Wohnnachbarschaftskonflikten. Deshalb gibt es Sportzentren, in denen hemmungslos gebrüllt, gejohlt und gejubelt werden kann – und in denen die schwitzende und keuchende Meute unter sich bleibt. Viele Städte haben Sportzentren, aber wohl keines ist so grün gelegen wie das auf der Waldau. Eingebettet in die Natur zwischen Wohngebiet und Fernsehturm werden Fußballplätze und Eishalle, Fitness-Studio und Kletterpark gleich von drei Seiten von Wald umgeben – Wernhalde, Weißtannenwald, Falsche Klinge, Silberwald, Spitalwald, Oberer Wald und Hospitalwald. In welche Richtung man auch laufen, walken, joggen mag, überall ist man vom Grün begleitet. Degerloch macht seinem Namen hier alle Ehre, er wurde abgeleitet aus dem althochdeutschen Wort »Tegerlohe«, was dichter Wald bedeutete.

Das ist ein unschlagbarer Wettbewerbsvorteil. Sport bleibt Sport, mag man meinen. Aber es ist ein gewaltiger Unterschied, ob man im Feierabendverkehr ins Parkhaus einbiegt und in irgendeiner Betonwüste in vollklimatisierten Räumen auf dem Stepper oder dem Laufband den Puls hochjagt und in ein Fernsehgerät stiert. Oder ob man quasi ins Grüne fährt, auf dem Weg zum Kurs vielleicht eine Amsel trifft, die gerade in einer Pfütze badet, oder ein Eichhörnchen einen der Bäume hinaufjagt. Hier eine Gruppe von Walkern, die sich begleitet vom Vogelgezwitscher auf den Weg in Richtung Wald macht, dort kleine Jungen,

DAS SPORTAREAL AM FERNSEHTURM IST VON VIEL WALD UMGEBEN.

MANCHMAL DÜRFEN EIN BISSCHEN EHRGEIZ UND VIEL GEWICHT SCHON SEIN.

die sich mit roten Köpfen und verschwitzten Haaren auf die Wiese plumpsen lassen und ein Eis essen.

Überall auf der Waldau wird gerannt und geradelt, gehüpft und Bällen nachgejagt, alles steht unter dem Vorzeichen der Bewegung. Und doch ist die Atmosphäre entspannt und erinnert die körperliche Ertüchtigung an Freizeitvergnügen und nicht an Drill und Schinderei. Mit wohligem Blobb federn die Bälle auf die stramm gespannten Saiten der Tennisschläger, sausen mit einem Zisch übers Netz und doppsen sanft auf den Boden. Von fern hört man regelmäßig ein metallisches Scheppern, wenn die Fußballer das Leder übers Tor in die Gitterumzäunung geschossen haben. Dazwischen das gleichmäßige Schnaufen der Jogger, das ihre fliegenden Schritte übertönt. Im Eissportzentrum gleiten kleine Mädchen übers Eis, auf dem Trimm-Dich-Pfad machen Senioren Übungen und in der Kletterhalle wird Bergsteigen geübt.

Im Sommer wummert es manchmal auch dumpf aus dem Ghettoblaster und okkupiert die Fitness-Abteilung den Sportplatz. Gummibänder werden an den Zäunen montiert, Turnmatten auf dem roten Boden ausgerollt, Eisengewichte und Sandsäcke verteilt – und es beginnt das Zirkeltraining, das selbstverständlich nicht mehr so heißt. Kräftezehrend und kräftigend zugleich.

DIPS, SQUATS UND CRUNCHES STATT PURZELBAUM UND KNIEBEUGEN

Warum sind Vereine eigentlich aus der Mode gekommen? Plötzlich galten sie als spießig, »Vereinsmeierei« wurde gespottet, typisch deutsch. Auf einmal wollte man ungebunden sein, heute in Stuttgart, morgen in London und am Wochenende in New York. Aber doch nicht jeden Dienstag um sechs in die Rückenschule gehen. Oder wie Turnvater Jahn frisch, fromm, fröhlich, frei in schlabberigen Turnhosen zu Purzelbaum und Kniebeugen, Trillerpfeife und Sprossenwand.

Heute trägt man Kompressionsshirts mit Anti-Odor-Technologie und Funktionswear mit Mesh-Einsätzen und macht Dips und Squats, Crunches und Lunges. High Intensity Training und Aerosling, Fatburner und Capoira-Fit. Aber trotz trendiger Bezeichnungen bleibt es doch eine schweißtreibende Schinderei. Die Trainer mögen nicht mehr pfeifen, sondern schreien zur Motivation, weil die Headsets meistens doch nicht funktionieren. Gemeinsam zählt die Meute brüllend »sieben, sechs, fünf ...« runter, aber spätestens die Vier wird nur noch gejapst. Sollen die Trainer doch selbst zählen, dafür werden sie schließlich bezahlt.

IN DEN UMKLEIDERÄUMEN TRIFFT SICH EIN BUNTER MIX QUER DURCH DIE GESELLSCHAFT –
SOFERN BETRIEB IST.

Ein guter Verein unterscheidet sich vor allem in einem von all den Fitnesscentern, Gyms und Sportsclubs: Hier werden nicht nur jene bedient, die Geld in die Kassen spülen, sondern man versucht alle zu bedenken, die Kinder wie die Senioren, die durchtrainierten Leistungsträger wie auch die Gebrechlichen. Im Tus-fit sind deshalb auch Herzsport und Lungensport im Programm, Sport nach Krebs und bei Parkinson. Die Zielgruppen sind so vielfältig, wie die Gesellschaft es ist und reichen von jungen Geschäftsfrauen bis zu Senioren, von Abiturientinnen bis zu Unternehmern, vom Teenager bis fünfzig plus. Die einen wollen sich schinden, die anderen runterkommen, es gibt die Fraktion knallhartes Muskeltraining und die Pilates-Sektion.

So trifft man in der Umkleidekabine selbstverständlich alle Altersgruppen, Frauen jenseits der siebzig und Mädchen, die aufgeregt über die vergeigte Matheklausur plappern. Und wenn sie dann mit ihren unverschämt jungen Körpern in ihre topmodernen Tops schlüpfen und sich literweise Deo mit Beerenaroma unter die Achseln sprühen, dann merkt man, dass es sie doch gibt, die Lebensweisheit. Sie lehrt einen, dass man ruhig mit einem verwaschenen T-Shirt seinen Kurs besuchen kann und sich vor dem Sport auch nicht duschen und parfümieren muss, weil ein Studio definitiv kein Heiratsmarkt ist, sondern alle gleichermaßen vor sich hin schwitzen. Selbst wenn jemand mal müffelt, geht die Welt davon nicht unter.

GENUGTUUNG DARF NACH ZEHN LIEGESTÜTZEN SCHON SEIN

Apropos Altersweisheit: Irgendwann sollte man begreifen, dass es im Sport nicht nur um Konkurrenz gehen sollte, sondern darum, das richtige Maß zu finden. Trotzdem ist es durchaus eine Genugtuung, wenn man die zehnte, elfte, zwölfte Liegestütze

DIE WELLNESSABTEILUNG GEHÖRT ZUM SPORTZENTRUM
WIE DIE ANSPANNUNG ZUR ENTSPANNUNG.

macht – und der junge Mann neben einem bereits stöhnend zusammengesackt ist und keuchend auf der Matte liegt. Solch kleine Triumphe dürfen schon mal sein. Zumal es ja doch kein Entrinnen gibt. Gerade hier auf der Waldau, wo allüberall gerannt, gewalkt, gejoggt und alles getan wird, fit und beweglich zu bleiben, ist die Vergänglichkeit stets präsent. Gleich nebenan das Waldau-Heim, ein paar Meer weiter das Hospiz. Und dann auch noch der Friedhof. Manchmal, wenn die Muskeln dann doch böse brennen oder die Beine so schwer sind, dass man nur noch vom Sofa träumt, schadet es nichts, daran zu denken. Genau das ist Leben, manchmal eben auch zu schwitzen, zu schuften und sich zu schinden.

KRATZEN IST EINE GANZ BESONDERE KUNST

Man kann es sich kaum vorstellen: Wie will man ohne Beine Treppen steigen? Wie bereitet man sich sein Abendessen zu, wenn man anstelle von Armen und Händen nur eine schlappe Flosse am Leib hängen hat? Sollte es einen dann noch am Rücken jucken, will man mit diesen Viechern sicher nicht tauschen.

Der Mensch ist verwöhnt, mit seinen Beinen kann er rennen und springen, radeln und hüpfen, klettern, schwimmen und tauchen. Was er zwar nicht kann, ist fliegen, mit Adlerschwingen gen Gipfel gleiten, völlig losgelöst von der Erde. Aber wer hoch hinaus will, steigt eben ins Flugzeug, in einen Heißluftballon oder Helikopter. Man muss sich nur zu helfen wissen.

Die Evolution hat es sehr gut mit uns Menschen gemeint. Wie zur Bestätigung haben wir eine besondere Freude, jenen zuzuschauen, die nicht so privilegiert sind wie unsereiner, die in der Hierarchie einen deutlich schlechteren Platz ergattert haben und nun sehen können, wie sie ihre ein-, zwei-, dreihundert Kilo die Treppen hinaufwuchten – ohne Beine. Die Seelöwen meistern es dennoch prima, behände platschen sie mit ihren unförmigen Leibern über die Stufen, lassen sich hier ins Wasser plumpsen, klettern dort geschickt die Felsen hinauf. Und wenn man sie bitten würde, ein Quadrat von einem Dreieck zu unterscheiden, würden sie auch das in Sekundenschnelle meistern. Seelöwen sind nämlich aufgeweckte Tierchen, die auch mal eben den Schnuller aus dem Wasser fischen, den ein menschlicher Dussel hat hineinfallen lassen.

IM NEUEN AFFENHAUS WIRD KRÄFTIG GETURNT UND GETOBT.

Viele Städte haben Zoologische Gärten, die Wilhelma aber ist einer der schönsten unter ihnen. Eingebettet in die historische Anlage von Schloss Rosenstein, garniert mit den hübsch gestreiften Bauten im maurischen Stil wächst die Anlage elegant den Hügel hinauf. Hier der Pavillon Belvedere, dort die Damaszenerhalle, das Landhaus und der Wandelgang am Maurischen Garten, in dem im Frühjahr die Magnolien prall blühen. Es soll der größte Magnolienhain nördlich der Alpen sein.

Wo man auch hinschaut, überall grünt und blüht es unverschämt schön. Heerscharen von Gärtnerinnen und Gärtnern scheinen rund um die Uhr am Werk zu sein, viel Arbeit und Fleiß zu investieren. Vor allem müssen sie fundiertes Wissen über die Vorlieben und Ansprüche ihrer Zöglinge besitzen. Wer je auch nur versucht hat, Blumen auf dem Balkon zum Blühen zu bringen oder ein schlichtes Kräutertöpfchen am Leben zu erhalten, der schaut voller Neid auf die Beete mit den knallbunten Azaleen, deren Blüten so üppig leuchten, dass einem fast schwindlig wird vor so viel Violett. Satt und saftig wuchern die exotischen Pflanzen in den feucht-warmen Tropenhäusern, kein braunes Blättchen trübt dieses Gesamtkunstwerk, alles kraftvoll und strotzend gesund. Überwältigend schön fürs Auge ist auch das Mammutbaumwäldchen, in dem die orangeroten Stämme herrlich mit dem frischen Grün kontrastieren.

Nirgendwo macht sich der Mensch die Natur so radikal untertan wie in einem Zoo. 6 000 Pflanzenarten aus allen Klimazonen der Erde wachsen in der Wilhelma. Es wird geheizt, gekühlt, gewässert, gedüngt, es ist hell oder düster, trocken oder feucht, damit die Sukkulenten und Bromelien, die Hundsgiftgewächse und Opuntien sich so pudelwohl fühlen wie in ihrer Heimat. Das Schauspiel ist perfekt inszeniert, sodass der Zahnzungen-Orchidee überhaupt nicht auffällt, dass sie nicht in Guatemala wächst, sondern in Bad Cannstatt.

Natürlich kommen einem Bedenken, ob der Mensch das Recht hat, die Natur so rigoros zu manipulieren, bloß, damit unsereiner am Sonntagnachmittag bei der Fütterung der Brillenpinguine zuschauen kann. Aber ohne Zoos würde manche Rasse bald aussterben. Die indischen Panzernashörner etwa, diese eigenwilligen Urviecher mit dicken Hautlappen auf dem Körper, sind in Indien gefährdet, während sie in der Wilhelma unbeschwert im Wasser baden. Dagegen wird einem weh ums Herz, wenn man dem Persischen Leoparden zuschaut, wie er stundenlang auf- und abläuft, immer den gleichen Weg entlang, schwermütig, als sei ihm wohl bewusst, dass er seinem Gefängnis nie entrinnen wird. Können Tiere eigentlich auch Selbstmord begehen?

ÜBERALL WERDEN GLÜCKLICHE KLEINFAMILIEN VERMUTET

»Gell, der hat eine Frau«, fragt ein Kind. Nirgends wird so stark gegendert wie im Zoo, immer will jemand Männlein und Weiblein ausmachen. »Das ist der Anführer«, erklärt ein Vater mit Blick auf einen großen Drill, der gerade einen Stofffetzen bearbeitet, als säße er im Handarbeitsunterricht. Ständig erklären Eltern ihren Kleinen, dass das die Mama und das der Papa ist, und irgendwo findet sich hoffentlich auch ein Baby – als sei die Tierwelt eine Ansammlung von nichts als glücklichen Kleinfamilien.

Dabei sind die Hühnerküken im Schaubrüter mutterseelenallein auf sich gestellt. Keine Mama, kein Vati weit und breit, niemand, der diesen einsamen Kreaturen bei ihrem gnadenlosen Lebenskampf zur Seite stünde. Mit aller Kraft durchstoßen sie ihre schützende Eierschale und schaffen sich mit größter Anstrengung hinaus ins Leben, wo sie erst einmal ermattet in der Ecke kauern, während ständig vorbeiziehende Besucher besorgt fragen: »Isses tot?« Dann ein erleichtertes Raunen in der Menge, wenn sich das Kleine aufrappelt und wacklig auf seinen dürren

DIE NATUR HAT SCHON EIGENARTIGE TIERE HERVORGEBRACHT: HAKENSAUGWÜRMER UND SECHS-FÜSSER, KNORPEL- UND KNOCHENFISCHE – UND GROSSE, SCHWERE NASHÖRNER.

Beinchen steht. Es lebt! Gott sei Dank! Einige wacklige Tapser, schon sinkt das Kleine mit dem dünnen, feuchten Flaum auf der roten Haut wieder erschöpft in sich zusammen. Isses jetzt tot?

Im Zoo scheint die Sehnsucht nach kitschigem Glück und süßer Harmonie, nach Liebe und Wärme besonders intensiv zu sein. Immer wieder müssen die Besucher ermahnt werden: »Nicht streicheln« und »Nicht füttern«, weil sie sonst die Kraniche mit Schokokeksen versorgen und die Rehe mit sauren Apfelringen verwöhnen würden. Sie würden am liebsten mit dem Gorillababy Purzelbäume schlagen, dem Eisbären das kuschelige Fell kraulen, das Faultier auf den Schoß nehmen oder sich schnurrend zur Löwenmutter legen und regredieren.

WOLLT' MAN EIN FISCH IM WASSER SEIN? ODER LIEBER EIN EISBÄR?

Ich wollt', ich wär' ein Huhn. Möcht' ich gern ein Eisbär sein? Oder will man ein Fisch im Wasser sein, im flaschengrünen, tiefen See, mit Wasser sich besaufen und paar Blasen blubbern lassen? Mit wem wollte man tatsächlich tauschen? Die Tierwelt hat so viele Kreationen hervorgebracht: Hakensaugwürmer und Sechsfüßer, Knorpel- und Knochenfische, Doppelfingergeckos und Strumpf-bandnattern, Huf- und Kloakentiere, Kurzschnabeligel und Stum-melschwanzhörnchen, Stunks und Furchenwale. Und Krähen. Sie schauen neidisch, wie ihre gefiederten Kollegen in den Volieren der Wilhelma pünktlich ihr Dinner serviert bekommen, während für sie kein Essensservice vorgesehen ist. Allerhand Tiere haben sich eingeschlichen und leben ohne offiziellen Wohnberechti-gungsschein in der Wilhelma – und futtern sich illegal durch. Die Krähen wissen schon, dass sie bei den Brillenbären häufig eine Mahlzeit zwischendurch abgreifen können.

In dem neuen Affenhaus der Wilhelma würde man es als Mensch zumindest eine Weile aushalten, immerhin haben die Bonobos Fernsehen. Sie schauen gern Tierfilme, Action und Zeichentrick. Wenn es nach ihnen ginge, würden sie sogar den lieben langen Tag vor der Glotze hängen, deshalb wird ihnen der Strom immer wieder abgestellt. Als der Monteur das Gerät aus der Reparatur zurückbrachte, haben sie applaudiert – und sich freudig durch die verschiedenen Programme gezappt. Ein Bonobo-Porno ist übrigens auch dabei.

Die Paviane müssen sich dagegen selbst beschäftigen, aber sie sind kreativ. Einer rollt mit einem Baumstamm durchs Wasser, ein anderer hat einen Schnuller gefunden, an dem er verliebt knabbert und ihn dann schnell wieder unter dem Fuß versteckt – damit die Kollegen ihn nicht entdecken. Paviane sind aufgeweckte Tiere, ihnen entgeht nichts, deshalb wird auch ständig gestritten, gebalgt, geprügelt, während sich die Mütter und Jungen mit Hingabe gegenseitig lausen.

Der Elefant ist gerade beim abendlichen Wannenbad. Genüsslich taucht er ab und auf, man merkt, dass es ihm Freude macht. Manchmal öffnet er auch das spitze Schnäuzchen, in das der Pfleger ihm mit dem Schlauch eine Ladung Wasser hineinspritzt. Als der fuffzichjährige Koloss aus dem Becken steigt, hebt er artig einen Fuß nach dem anderen, damit auch die Sohlen abgeduscht werden können. Alles müssen die Mitarbeiter der Wilhelma im Blick haben, sämtliche Krallen, Zehen, Hufe und Tatzen, die Schnauzen, Schnäbel, Rüssel und Mäuler, die Schwänze und Schweife.

Jedem Tierchen sein Pläsierchen. Der Kea nagt an einem Kinderturnschuh. Die Flusspferde liegen über Stunden unbeweglich in ihrer Brühe, nur selten strecken sie den Kopf aus dem Wasser heraus. So, wie es Vögel gibt, die nicht fliegen können, so verbringen die Flusspferde zwar fast ihr gesamtes Leben im Wasser, sind aber lausige Schwimmer. Sie tauchen lieber ab und laufen per Pedes über den Grund des Gewässers. Die meiste Zeit verbringen Flusspferde aber schlafend oder dösend in seliger Ruhe. Wer

IST DAS VATI? BESUCHER INTERESSIEREN VOR ALLEM DIE FAMILIENVERHÄLTNISSE DER TIERE.

sollte ihnen auch etwas anhaben können? Natürliche Feinde haben sie so gut wie keine, und um ihren Nachwuchs brauchen sich die Eheleute in der Wilhelma auch nicht sorgen, der ist in der Betreuung.

Die Erdmännchen sind dagegen ständig in Habachtstellung, sie schaffen, graben, schauen und sind immer auf der Hut. Erstaunlich, wie verschieden die Kreaturen dieser Welt geraten sind, auch so unterschiedlich ausgestattet – und doch versuchen alle, das Beste daraus zu machen. Die Brüllaffen greifen eben mit dem Schwanz. Die Elefanten schnappen sich die kleinen Kohlrabi- und Apfelschnitze mit dem dicken Rüssel. Fressen, kötteln, sich fortpflanzen, das bringen sie alle hin, komplizierter wird es, wenn man sich kratzen will – und irgendwo juckt es doch immer. Deshalb nutzt die Schraubenziege ihre langen, gedrechselten Hörner, um sich den Bauch zu kratzen, und falls es sie je zwischen den Hörnern kitzelt, wird eben mit dem Hinterhuf gescheuert. Pelikane wiederum können ihren Kopf so weit drehen, dass sie sich mit dem langen Schnabel das Gefieder kratzen. Die Elefanten, die weder Schnabel oder Hörner besitzen, scheuern ihren mächtigen Leib an einem Drahtseil. Gewusst wie.

DER MENSCH IST EBEN DOCH DAS DÜMMSTE TIER

Ob die Stuttgarter Elefanten Zella und Pama eigentlich auch künstlerisch begabt sind? Es gibt angeblich Elefanten, die Bilder malen – und zwar Elefantenporträts. Elefanten können auch rechnen und einfache Additionsaufgaben lösen. Affen wiederum können – theoretisch – schreiben und lesen. Wobei sie auch gern in der Ecke hocken und sich kratzen.

Vielleicht wäre man doch lieber ein Pfau. Die Pfauen in der Wilhelma führen ein schlaues Leben, eitel stolzieren sie auf und ab und lassen sich bestaunen. Sie fliegen aber auch mal auf die Vogelkäfige und führen dem eingesperrten Federvieh frech vor, was Freiheit bedeutet. Vor allem aber gehen sie dreist betteln. Kaum lassen sich die Besucher ermattet auf einer Parkbank nieder, sind sie auch schon zur Stelle, futtern den Kindern die Kekse weg und lassen sich dabei kess fotografieren.

Die Wilhelma hat 1200 verschiedene Tierarten und damit fast so viele wie der Zoologische Garten Berlin. Trotzdem will man am Ende ja doch lieber so bleiben, wie man ist, froh, dass man nicht mit Federn oder Flossen zur Welt kam, sondern Hände zur Verfügung hat, mit denen man aus der Tasche ein paar Euro herausholen kann, um sich im Restaurant ein Stück Kuchen zu gönnen. Schließlich macht es hungrig, Tieren beim Fressen zuzuschauen. Oder Menschen beim Essen zuzuschauen. Die Pfauen sind in jedem Fall auch schon wieder auf dem Anmarsch. Und die Spatzen. Und natürlich die Krähen. Auch bei ihnen hat es sich offensichtlich schon herumgesprochen hat, dass die leckersten Mahlzeiten nicht bei den Brillenbären zu holen sind, sondern auf den Tellern der Zweibeiner. Die sind definitiv die eigenwilligsten Kreaturen in diesem bunten Tierpark, weil sie so blöd sind, ihr Futter zu teilen – und das sogar freiwillig und freudig.

»PFUITEUFEL, WERDEN PURISTEN AUSRUFEN«

Mancher Verleger ist stolz, wenn er im Lauf seiner Karriere, ein, zwei Dutzend Bücher herausgegeben hat. Bücher, die nicht in den Magazinen verstauben, sondern die Menschen erreichen, die sie vielleicht sogar regelmäßig zur Hand nehmen, darin blättern, lesen, sie wieder und wieder studieren. Das ist das wahre Glück der Büchermacher – und doch oft unerreichbar.

Karin Abt-Straubinger war dagegen erfolgsverwöhnt. Sie hat viele, sogar sehr, sehr viele Bücher herausgegeben. Ihre Bücher wurden Bestseller, die Auflagen waren gigantisch, kaum ein Haushalt, der sie nicht im Regal stehen, griffbereit in der Schublade oder aber auf dem Flurtisch liegen hatte. Karin Abt-Straubinger hat Telefonbücher herausgegeben.

Zugegeben, der kulturelle Mehrwert von Telefonbüchern ist begrenzt, aber nachdem Karin Abt-Straubinger schon viele Telefonbücher unters Volk gebracht hatte, kam ihr eine Idee. Auch wenn die hohen Beamten von der Deutschen Post skeptisch die Stirn runzelten, setzte sie es durch, dass sich im Inneren ihrer Telefonbücher zwar schnöde Namen und Nummern reihten, Müllers und Meiers, Schmidts und Schulzes die Zeilen füllten. Auf dem Titel aber prangte fortan Kunst – Motive von Klaus Staeck oder Ben Willikens, dem Fritten-Maler Dieter Krieg oder dem Schöpfer des künstlerischen Gartenzwergs, Ottmar Hörl. Karin Abt-Straubinger lud Künstler ein, für die Titelseiten der Bücher eigens Werke zu schaffen – und von heute auf morgen zog die zeitgenössische Kunst in Haushalte, Büros und Telefonzellen ein.

EIN ARCHITEKTONISCHES KLEINOD MITTEN IN MÖHRINGEN

Aber, aber und Pfui Teufel, werden Puristen ausrufen, welch ein Frevel, die hehre Kunst vom Olymp herab zu zerren und damit profane Massenware zu dekorieren. Die Kunst gehört weggesperrt in heilige Tempel, damit diese in gottgleichem Akt geschaffenen Meisterwerke nicht der Ignoranz und Blindheit der Ungebildeten ausgesetzt sind. Sie sollte gehegt, gepflegt und angebetet werden. Ein Widerspruch in sich: hohe Kunst und schnödes Volk. Deshalb müssen die Besucher sich in Museen auch gefälligst leise verhalten und artig Abstand von den Werken an den Wänden halten. Ein falscher Schritt, und die Sirene jault erbarmungslos, als seien Schwerverbrecher unterwegs.

In der Galerie ABTART ist Volksnähe dagegen Programm. Das Ausstellungsgebäude befindet sich an der am stärksten befahrenen

SOGAR IM GARTEN IST DIE KUNST GANZ SELBSTVERSTÄNDLICH ZU HAUSE.

Straße von Stuttgart-Möhringen, direkt am Kreisel, wo täglich hunderte Menschen vor allem in Autos vorbeikommen und vielleicht nicht bewusst, aber durch dieses markante Galeriegebäude doch unbewusst die Botschaft vermittelt bekommen, dass Kunst zum Leben dazugehört, ihren Platz in der Gesellschaft hat. Mittendrin.

DIE KUNST SOLL DEN HORIZONT ERWEITERN

Karin Abt-Straubinger hat den Verlag, den sie von ihrem Vater übernahm, längst verkauft und widmet sich heute dem, was ihr immer schon eine Herzensangelegenheit war: der Kunst. Sie eröffnete eine Galerie und gründete eine Stiftung, sie betreibt Künstlerförderung und tummelt sich auf Messen, parliert mit Sammlern und Stars der Szene. Sie spielt aktiv im hehren Kunstbetrieb mit – und will trotzdem vor allem eines: dass die Menschen die Scheu vor der Kunst abbauen.

In Baden-Württemberg sollen die meisten Kunstsammlerinnen und -sammler der Republik leben. Früher haben sie ihre Millionen diskret ausgegeben, niemand sollte bemerken, dass sie es zu etwas gebracht haben. Die Stuttgarter Galeristen ächzten und jammerten, dass die viel zitierte Sparsamkeit der Schwaben eben doch bittere Wahrheit sei. Inzwischen wollen viele Sammlerinnen und Sammler der Welt zeigen, was sie besitzen – und haben ihre eigenen Museen und Ausstellungshäuser gebaut: Burda in Baden-Baden und Schaufler in Sindelfingen, Ritter in Waldenbuch und Biedermann in Donaueschingen, Grässlin in St. Georgen und Klein in Eberdingen, Weishaupt in Ulm und Würth überall auf der Welt, in Schwäbisch Hall, Spanien und der Schweiz, in den Niederlanden und in Norwegen.

Selbstverständlich sind bei solchen Museumsprojekten auch Eitelkeiten im Spiel, aber diesen Mäzenen ist es doch ein ernsthaftes Anliegen, die Werke möglichst vielen Menschen zugänglich zu machen. Sie sind fest davon überzeugt, dass Kunst den Horizont erweitert und eine Bereicherung ist. Deshalb investieren sie viel Geld in Programme für Kinder, für Familien und Senioren, einige erproben sogar Führungen für Menschen mit Demenz. Sie fördern zwar oft auch den künstlerischen Nachwuchs und mischen im Kunstbetrieb mit, wollen aber auch gesellschaftlich etwas bewirken.

Wenn dieses Ländle etwas prägt, so ist es der mäzenatische Geist der Kunstliebhaber, die mit offenen Häusern den großen Museen und Institutionen mitunter sogar den Rang ablaufen, weil sie das Publikum aus freien Stücken bedienen – und nicht, weil es die Politik so verordnet hat. Manche Museumsmacher

DIE GALERISTIN SCHERT SICH NICHT UM STILE UND MODEN, SIE STELLT
AUS, WAS SIE FÜR RICHTIG HÄLT.

AUCH DIE KÜNSTLERSCHAFT DER REGION IST VERTRETEN – WIE DER STUTTGARTER
BILDHAUER DANIEL WAGENBLAST.

MANCHMAL TRIFFT MAN SICH BEI ABTART EINFACH NUR ZUM PLAUSCH.

nehmen die Zuschauer eher als lästige Begleiterscheinung in Kauf und argumentieren, dass Museen für die Kunst da seien – und nicht für das Publikum. Sie ärgern sich über ihre Kollegen, die ihre Häuser öffnen und zu Orten der Begegnung machen wollen, die nicht nur über Kunst, sondern auch über politische und gesellschaftliche Fragen diskutieren wollen.

EIN AUSSTELLUNGS-HAUS AUF AUGENHÖHE

Karin Abt-Straubinger kann bei diesen aufgeregten Diskussionen nur müde lächeln. Wenn ihre Galerie in Möhringen etwas ganz selbstverständlich ist, dann ein Ort der Begegnung. Wobei Galerie maßlos untertrieben ist. Dieses Ausstellungshaus, das sich die Sammlerin und Galeristin 2009 bauen ließ, ist ein geschmackvoller Bau aus anthrazitfarbenen Klinkern, Glas und Bronze. Zwei Fensterkästen springen fröhlich aus der Fassade heraus und machen das markante Gebäude zu einer Skulptur, die freundlich und einladend wirkt. Es ist kein Denkmal um seiner selbst willen, das sich selbstgenügsam abwendet, sondern der Bau nimmt Kontakt mit der Umgebung auf.

In den vom Licht durchfluteten, transparenten, fließenden Räumen stellt die Dame des Hauses auch Arbeiten von internationalem Format aus, aber lieber ist es ihr, wenn sie die Künstlerinnen und Künstler kennt und in engem Austausch mit ihnen steht. Sie schert sich nicht um Markt und Moden, muss ihr Programm nicht in übergreifende Konzepte pressen, denn wer sagt, dass nicht auch gänzlich unterschiedliche Positionen nebeneinanderstehen und Bestand haben können? Interaktive Installationen und Skulpturen aus Müllsackclipsen, gestapelte Gummireifen und historische Kinderfotos in Pastell; wandernde Fellknäuel und zerknitterte Folie.

Mit diesem breiten Angebot ist die Galerie zu einem Kulturtreff geworden, in dem mal zur Buchvorstellung geladen wird, mal zur Lesung mit Iris Berben. Die Grenzen zwischen Hochkultur und Entertainment sind offen, manchmal darf man auch einfach nur auf ein Stück Kuchen am Sonntagnachmittag vorbeikommen und nebenher die Ausstellung anschauen. Ob renommierte Künstler eingeladen werden, der Grandseigneur des italienischen Theaters, Dario Fo, zu Gast ist, oder aber junge, unbekannte Nachwuchs- künstler – das Publikum strömt.

DAS PUBLIKUM IST NICHT FÜR DEN RUHM DER KURATOREN DA

Kunst muss nämlich nicht anstrengend und Pflichtübung des geho- benen Bildungsbürgertums sein. Das Publikum kommt sicher auch, weil es oft kleine Häppchen gibt. Aber es sind eben keine elitären Hallen, die die Besucher einschüchtern wollen und von den Besu- chern erwarten, dass sie das nachbeten, was ihnen die Kunsthisto- riker gnädigerweise predigen. Sfumato, Selbstreferentialität und in situ, Kolorit und Krakelee, Pittura lucida und Post-Postmodernism.

Die Galerie ABTART will kein Forum sein für die eitle Selbst- beweihräucherung der kunsthistorischen Elite, die auf ihre Deu- tungshoheit pocht, sondern hier darf das Publikum mitdenken und sich eine eigene Meinung bilden und die sogar kundtun. Oft geht es zu wie auf dem Basar, ist es ein freudiges Hallo und muss man schon fast um die Kunstwerke bangen, weil die Besucher plaudernd dicht und unbedacht an ihnen vorbeistreifen und sich auch mal an die Wand lehnen oder heimlich etwas anfassen. Alles halb so wild. Die Kunst ist für die Menschen da. Und nicht das Publikum für den Ruhm der Kuratoren.

»Kunst soll für jeden zugänglich sein«, sagt Karin Abt-Strau- binger – auch wenn sich einigen Museumsleuten bei solchen

Thesen die Nackenhaare aufstellen mögen, sie über die Verflachung der Kunst jammern und raffinierte Strategien ersinnen, damit ihnen niemand die Hoheit über die Werke streitig macht. Wo kommen wir denn da hin, schimpfen sie, wenn auch Nicht-Experten über Kunst sprechen dürfen, wenn sie vor Bildern stehen und angeregt diskutieren – ohne die fremdwortgespickten Referate der Fachleute? Kann das denn gut gehen, wenn die Menschen keine Berührungsängste mehr haben vor der Kunst, einfach so in einer Galerie vorbeischauen und ästhetische Bildung zum Freizeitvergnügen wird? Vielleicht sollten sie am Möhringer Kreisel einfach mal Halt machen für eine Stippvisite bei ABTART – und sie werden staunen, wie selbstverständlich Kunst im Alltag verortet sein kann. Manche Kunsthistoriker mögen unter dieser Volksnähe leiden, die Kunst aber tut es gewiss nicht.

GALERIE IST DEUTLICH UNTERTRIEBEN – MIT SEINEN DREI STOCKWERKEN IST ABTART EIN STATTLICHES AUSSTELLUNGSHAUS.

ESELSMÜHLE
WIE BEI DEN GROSSELTERN AUF DEM LAND

ES RIECHT NACH MIST UND MITTAGESSEN

Kann das sein? Sollte dieses dünne Bächlein, dieses harmlose Nass, das da träumend über die Steine gleitet, Bärenkräfte entwickeln können? Ist es stärker als eine Horde bulliger Mannen – und erzeugt wie nebenbei, ganz leicht und elegant das, was die Menschheit seit jeher ersehnt: Energie?

Wasserkraft mag manchem als Innovation grüner Politik gelten, als Zukunftstechnologie, als wichtiger Baustein der Energiewende, die die Ökobewegung endlich konsequent auf den Weg bringen will. An der Eselsmühle aber hat der Reichenbach schon vor 600 Jahren Mühlräder angetrieben und emsig dabei geholfen, in stetem Fluss das große Holzrad in Schwung zu halten, damit aus Korn Mehl wird. Zum Beispiel Weizenmehl Typ 550, Roggenmehl Typ 1370 oder Vollkorn-Weizenschrot. Noch vor ein paar Jahren war der Bach feste Arbeitskraft im täglichen Betrieb, damit das schwere Mühlrad seine Runden drehen konnte. Klipp klapp, klipp klapp.

Die Eselsmühle ist eines der beliebtesten Naherholungsziele der Stuttgarter, einerseits, weil sie wirklich nah ist und selbst die bequemsten Gesellen und auch die mit den kürzesten Beinen die paar hundert Meter vom Parkplatz bestens bewältigen. Ein kurzer Marsch über den geteerten Weg, ruckzuck steht man auf dem Hof der Eselsmühle – und ist doch in einer anderen Welt gelandet. Hühner gackern und spazieren einem über die Füße, es riecht nach Mist und Mittagessen, Hufe klappern übers Kopfsteinpflaster, Katzen wärmen sich schnurrend den Pelz. Knarzend

156

öffnet sich das alte Holztor, hinter dem steile Steinstufen hinab-
führen ins Herz des Gehöfts: zur alten Mühle, feucht, modrig,
geheimnisvoll.

Das Siebenmühlental, das südlich von Stuttgart am Rande
des Naturschutzgebiets Schönbuch liegt, ist einer jener Orte, die
den Geist von gestern spüren lassen. Hier findet man noch ein
Stück alter Heimat, erfährt, wie die Schwaben jenseits der Stadt
lebten, die Bauern, Handwerker und Weingärtner vergangener
Generationen – einfach, bescheiden, im Einklang mit der Natur –
und vor allem in Gottes Händen. Fromm, fleißig und frei von
irdischen Versuchungen.

IM BACH KICHERN KECK DIE GEISTER

Nirgendwo hat sich der Pietismus so ungehindert verbreitet wie
in Württemberg. Man kann sich gut vorstellen, wie garstige alte
Weiber in schwarzen Trachten, die Haare unterm Kopftuch streng
zum Knoten gerafft, das Haupt stolz erhoben und mit ihrem
Gesangbuch in der Hand in die Kirche stolzierten. Wie sie dünn-
lippig und selbstgerecht den Jungen die Vergnügungssucht aus-
zutreiben versuchten und geifernd gegen Tabakkonsum, Trink-
sucht und Tanz wetterten, gegen Kartenspiel, Kichern und im
Grunde alles, was Vergnügen bereitet. Gottergeben. Was ist ein
Pietist? Der Gottes Wort studiert und nach demselben auch ein
heil'ges Leben führt.

Friedlich liegt heute das landschaftlich so schöne Siebenmühlental da. Aber wenn man pfeifend durch die duftenden Wiesen
und saftigen Wäldchen streift, kommen einem doch die alten Wei-
sen wieder in den Sinn. Es klappert die Mühle am rauschenden
Bach. Am Brunnen vor dem Tore, da steht ein Lindenbaum. Im
Märzen der Bauer die Rösslein anspannt. Plötzlich geht die
Fantasie ihrer eigenen Wege und man meint, in einem knorrigen

EIN STÜCK HEILE WELT – LIEBEVOLL INSZENIERT

Baumstamm ein knitzes Koboldgesicht zu sehen. Im Bach kichern Geister, Stimmen raunen durch die sich wiegenden Ähren, Wichtelmützchen blitzen auf im saftig grünen Laub. Sind da nicht eben schwarze Männlein vorbeigehuscht? Unweigerlich kommen einem auch die alten Märchen in den Sinn von Hexen und bettelarmen Kindern, von schönen Stieftöchtern und Prinzen hoch zu Ross, vom traurigen Mägdelein und den Zwergen hinter den sieben Bergen.

In dem einstigen Reichenbachtal gab es bereits im Mittelalter mehrere Mühlen. Krabat hätte auch in einer von ihnen seine Lehrstelle antreten können. Der sorbische Waisenjunge wollte lernen,

AN DEN KÖSTLICHKEITEN DES HOFLADENS KOMMT MAN KAUM VORBEI.

Korn zu mahlen, aber nein, statt seine Mühlknappen in die Unterschiede zwischen Mehl und Dunst, Schrot und Kleie, Grütze und Graupen einzuführen, unterrichtete der Müllermeister sie in Schwarzer Kunst. Teufelswerk. Magie. Düstere Tage für die armen Burschen, die der Meister immer wieder in schwarze Raben verwandelte. Am Ende eines jeden Lehrjahres musste einer von ihnen kläglich sterben, so war es verfügt.

STIEGEN, BOLLEROFEN UND SONNTAGSSTAAT

Krabat aber will nicht derjenige sein, den der Meister opfert. Er hat sich in ein Mädchen aus dem Dorf verliebt. Und diese mutige Kantorka fordert in der Silvesternacht vom bösen Meister Krabats Freiheit. Sie besteht sogar seine Probe, erkennt unter den zwölf Raben ihren Liebsten – und Krabat und seine Mitgesellen kommen frei. Die Mühle geht in wild lodernden Flammen auf, der Meister stirbt jämmerlich und fährt zur Hölle. Das Böse ist für immer besiegt.

Der Eselsmühle haftet zwar nichts Unheimliches und Grusliges an. Und doch fühlt man sich zwischen diesen kleinen Fachwerkhäusern sofort in vergangene Zeiten versetzt. Es ist fast so, als würde man die Großeltern, die Verwandtschaft auf dem Land besuchen. Prompt kommen einem Vokabeln in den Sinn, die man Jahrzehnte nicht mehr verwendet hat: Stiege und Boden, Bollerofen, Sonntagsstaat und Spächtele.

Im Restaurant der Eselsmühle erzählen Schwarz-Weiß-Fotos noch von der alten Zeit, als Jung und Alt mit Heugabeln in der Hand unsicher in die Kamera stierten. Fortschritt und Tradition liegen hier ganz dicht beieinander. Es gibt es noch, das gute alte, rustikale Bauernbrot mit Griebenschmalz oder rösch angebratene Kartoffeln mit Speck und Spiegelei, die einst jene sattmachen mussten, die an langen Tagen die Ernte einfuhren. Aber selbstverständlich stehen heute auf der Speisekarte der Eselsmühle auch Tofu oder gegrillte Garnelenspieße mit Spargelrisotto und Hummersauce.

Die Betreiber haben es perfekt heraus, die Sehnsüchte der Städter zu bedienen, die heutigen Ansprüche und Gelüste zu befriedigen, ohne den rauen Charme des ländlichen Lebens zu verleugnen. »Ein Stück heile Welt« lautet das Motto, nach dem der Innenhof liebevoll dekoriert wurde. Manches ist vielleicht etwas zu opulent und kitschig gestaltet. Rostiges Werkzeug und frische Blumen, wettergegerbte Holzbänke und fröhlich-bunte Kissen, altes Blechgeschirr und karierte Schleifchen. Damit man das Idyll mit nach Hause nehmen kann in seine Dreizimmerwohnung in Heslach oder Neugereut, werden Kerzen, Blumentöpfe und allerlei Deko-Kram verkauft oder auch schwere Schweinchen aus rostigem Eisen, das kleinste für stolze 59 Euro.

Häufig werden in der Eselsmühle auch Geburtstage oder Hochzeiten gefeiert, und es ist ein lustiges Schauspiel, wenn die elegante Festgesellschaft nach dem üppigen Mittagessen rüber zu den Eseln mit ihren struppigen Mähnen spaziert, wenn die Damen mit den luftigen Sommerkleidchen und die Herren in feinem Zwirn der Gans zuschauen, die auf einem Baumstamm hockt und gerade ihr Geschäft erledigt und dabei ungerührt in die Luft glotzt. Gepflegt flaniert man am streitenden Federvieh vorbei, das sich gegenseitig die Schnäbel ins Gefieder rammt. »Ponyreiten fünf Euro«, steht auf einem alten Schild, und es wird heftig fotografiert, wenn die Kleinen dann eine Runde drehen. Und am liebsten würden die Jungs einen Staudamm im Bächlein bauen, aber wegen der guten Schuhe dürfen sie nicht.

Bevor es noch ein Eis mit Sanddornsoße und einem Klecks Schlagsahne gibt, besichtigen die Besucher gern noch die geologische Sammlung, die Rudolf Gmelin anno dunnemals zusammentrug. Seeigel und Muscheln liegen in altmodischen Vitrinen, Pferdezähne und versteinerte Schnecken, Ammoniten und Schwämme, kristalliner Kalk von der Bergstraße, ein Aragonit von Elba und ein Onyx aus Brasilien. Die Erklärungen sind noch von Hand geschrieben.

DAS FEDERVIEH IST DEN GÄSTEN STETS AUF DEN FERSEN.

SÜSSE ESELCHEN AUS MÜRBETEIG

Aber Erze und Pyriten, Quarze und Silikate sind nur ein Vorwand, irgendwann stehen ja doch alle im Hofladen der Eselsmühle vor den Regalen und kommen nicht vorbei an den Köstlichkeiten, den Bioschokoladen und frischen Jogurts mit viel Rahm, dem frischen Obst und knackigen Gemüse, den Bio-Weinen, Brotaufstrichen und vor allem den zahllosen Backwaren, die im Holzbackofen mit Tannen- oder Fichtenholz gebacken wurden: Rosinenbrötchen und Schwabenkorn, Rübliherz und Lupinenschrotkorn, Emmerbrot, Dinkelbaguette oder Walnussbrot. Dabei soll man gar nicht so viel Brot essen. Egal! So, wie es aus den Regalen herausduftet, muss man einfach irgendetwas kaufen. Und wenn es nur aus Protest ist gegen pietistische Lust- und Leibfeindlichkeit. Ein Statement muss schon sein. Und wie könnte man das besser formulieren als mit ein paar leckeren süßen Eselchen aus Mürbeteig?

JUNGES ENSEMBLE
STUTTGART
NIEMAND IST PERFEKT
UND DAS IST GUT SO

»KRASS PEINLICHES KRAMPFADERGESCHWADER«

Es kann durchaus sein, dass plötzlich jemand mitten in der Vorstellung sagt: »Ich muss Pipi.« Oder weint. Oder in die andächtige Stille hineinruft, etwas kommentiert, aufsteht, hüpft, singt, lacht, klatscht, rausgeht, zurückkommt, auf einen Schoß klettert, wieder aufsteht, hüpft, singt, lacht, klatscht, hereinruft. Kinder im Theater sind eine Sache für sich.

Wenn die alten Griechen ins Amphitheater zu den Dionysos-Kultspielen gingen, hatten sie reichlich Proviant dabei, tranken Wein und aßen vermutlich gefüllte Weinblätter und Oliven, wobei sie die Kerne auf den Boden spuckten. Sie lästerten, plauderten und unterhielten sich prächtig, während unten auf der Bühne die blutigen Familien- und Göttergeschichten verhandelt wurden. Drei Tage dauerten die Tragödien-Wettbewerbe, in denen die Bürger mitfieberten, wie sich die Konflikte auf der Bühne entknoten ließen – und waren dankbar, wenn der Deus ex machina endlich vom Himmel herniederschwebte und ein klärendes Machtwort sprach.

Auch zu Shakespeares Zeiten gab es noch reichlich zu spachteln und zu picheln im Londoner Globe. Heutzutage ist Theater dagegen eine ernsthafte Angelegenheit und erfordert von den Zuschauern höchste Disziplin und Selbstkontrolle. Kultiviert schlendern die gut gekleideten Herrschaften durch die Gänge und nicken sich gepflegt zu. Sie umgibt die besondere Aura des schöngeistigen Bildungsbürgers, man gehört einer intellektuellen Elite an, die es sich zumutet, um der Kultur willen auch mal vier, fünf,

LUSTIGE LAMPENSCHIRME AUS KOPFBEDECKUNGEN

manchmal gar sechs Stunden festzusitzen auf dem Stuhle. Einmal zu husten ist gerade noch erlaubt, wer dann aber auch noch niest und sich räuspert oder gar raschelnd ein Bonbon in der Tasche sucht, der wird mit empörtem »Psst« zurechtgewiesen. Wer essen will, soll gefälligst draußen bleiben.

Wo Kinder sind, geht es dagegen alles andere als gesittet zu. Schon im Foyer des Jungen Ensembles unterm Tagblattturm wird gerannt, gehüpft, getobt und herumgetollt, geschrien und geplärrt. Leben pur. Große Ledersofas laden zum Herumlümmeln ein, gern auch strümpfig. Auf den Tischen stehen frische Schnittblumen, und von der Decke baumeln zahllose Mützen, Hüte und Kappen – es sind lustige, selbstgemachte Lampenschirme. Damit den Besuchern ein Licht aufgehen möge.

Der Unterschied zwischen Kinder- und Erwachsenentheater ist simpel: Kindertheater ist bunt, während die Welt der Großen schwarzweiß daherkommt. Die typischen Schauspielbesucher tragen Schwarz, dunkles Grau oder dunkles Blau – und wenn sie in der Pause beisammenstehen, kommt es einem so vor, als habe jemand die Farbe herausgefiltert. Selbst die Cocktailtomaten auf den Häppchen-Tellern wirken in dieser grauen Tristesse blass und ernst.

Je politischer und kritischer, desto schwärzer auch die Kostüme auf der Bühne. Seitdem illusionistische Ausstattungen aus der Mode gekommen sind, muss man als Zuschauer oft die Augen zusammenkneifen, um die düsteren Gestalten vor den nackten,

IM KINDERTHEATER WIRD GELÄRMT, GETOBT – UND IN DIE VORSTELLUNG GERANNT.

schwarzen Brandmauern der offenen Bühne auszumachen. Die Scheinwerfer werden heruntergedimmt und das Spiel in geheimnisvolle Düsternis getaucht. Sogar auf die Plakate und Spielpläne in schmutzigem Schwarz klecksen die Grafiker absichtlich noch Flecken und Schlieren und nennen das dann »kultig« und »trashig«.

THEATER FÜR EIN BESSERES LEBEN

Aber Theater soll ja wehtun, aufrütteln, reizen und provozieren. Gerade in den Stadt- und Staatstheatern strengt man sich oft gewaltig an, das Publikum aus der Komfortzone zu zerren, die Zuschauer zu rütteln und zu schütteln, damit sie begreifen: Du bist falsch, du bist ein elender Spießbürger, eingefahren und borniert. Sei froh, dass wir Theaterleute dir die Augen öffnen und schonungslos klarmachen, was alles falsch läuft in dieser Welt, die deine ist. Ihr sollt begreifen: So nicht! Empört euch – und zwar am besten über euch selbst!

Das Jes dagegen macht konstruktives Theater. Es will etwas sehr Altmodisches vermitteln: Werte. Den Kindern und Jugendlichen soll Mut gemacht werden, sie sollen gestärkt und zuversichtlich aus der Vorstellung herausgehen und im idealen Fall fortan etwas besser mit dem Leben zurechtkommen. Vor allem wird ihnen vermittelt: Wir alle haben ein Recht auf einen Platz in dieser Gesellschaft – selbst wenn wir nicht ins Bild passen, anders oder nicht so großartig sind, wie wir es uns wünschen.

Deshalb werden im Jungen Ensemble auch nicht die uralten Märchen wieder und wieder nacherzählt, jene Geschichten, in denen die Hexe im Ofen elendiglich verbrennen muss, dem Drachen der Kopf abgehackt wird und er kreischend in die Schlucht stürzt und sich auflöst. Kein treuer Heinrich, dem die Bande vom

Herzen abspringt, kein Aschenputtel, das den schönen Prinzen heiratet. Kein »Und wenn sie nicht gestorben sind, dann leben sie noch heute«.

MEHR ALS RAP UND WEIHNACHTS-MÄRCHEN

Die Produktionen im Jungen Ensemble Stuttgart zeigen, dass die Welt differenzierter und komplizierter ist und voller Widersprüche steckt. Hier dürfen Männer ängstlich sein und Frauen (die) Hosen anhaben. Man schaut Familien auf der Bühne zu, die keineswegs perfekt und wie aus dem Bilderbuch sind, sondern bei denen sich die Eltern vielleicht haben scheiden lassen oder das kleine Brüderchen behindert auf die Welt kommt. Jungen tanzen Modern Dance in Mädchenkleidern. Eine Mutter ist ein hässliches Biest mit fettigen Haaren und riesigen Zähnen im Maul, ein Ausbund an Scheußlichkeit. Sozusagen voll grelle Erzeugerfraktion, krass peinliches Krampfadergeschwader.

Ja, und? So ist es eben. Es gibt in der Realität auch Kinder, deren Eltern den Alltag nicht geregelt bekommen, die morgens verschlafen, die Arbeit verloren haben oder nur mit sich selbst beschäftigt sind. Menschen sterben, Tiger reißen Rehe, Jugendliche testen riskant ihre Grenzen aus und werden manchmal sogar kriminell. Mütter können nerven, Väter können nerven, auch Pubertierende können manchmal richtig arg nerven. Sogar sich selbst. Hey, Problemiker, du kriegst 'ne Rastung.

Stuttgart trat vor einigen Jahren an, eine kinderfreundliche Stadt zu werden – und investierte in eine neue, gut ausgestattete Spielstätte unterm Tagblatt-Turm. Damit wollte man ein Signal setzen, dass es auch Kinder verdient haben, ernst genommen zu werden, dass es nicht genügt, wenn die Theater der Stadt einmal im Jahr Schulklassen im Akkord durchs Weihnachtsmärchen

DIE WELT DES JES IST FACETTENREICH UND DAS IST GUT SO: ALEXANDER REDWITZ UND GERD RITTER BEIM ROLLENTAUSCH.

schleusen – und das dann Kulturelle Bildung nennen. Peter Pan rappt dann ein bisschen, Pippi Langstrumpf sagt »Hey, Alda« und hört Techno. Die Kinder sollen mitsingen und klatschen, während die zwangsverpflichteten Nachwuchsschauspieler scheußliche Grimassen ziehen oder super gut gelaunt dauergrinsen – und hoffen, sich damit möglichst bald fürs Erwachsenentheater zu qualifizieren.

Im Jes begreifen die Schauspieler ihre Tätigkeit dagegen nicht als Sprungbrett, das sie möglichst schnell ins ernste Fach katapultieren möge. Es werden auch nicht Regieassistenten und Jungregisseure engagiert, damit sie sich ausprobieren können – nach dem Motto: macht nichts, wenn sie scheitern, sind ja nur Kinder im Publikum. Im Jes arbeitet ein professionelles Team, das sich ernsthafte Gedanken über Rezeption und ästhetische Fragen macht und Kindertheater als eigenständige Kunstform begreift. Deshalb gibt es auch Tanztheater oder Stücke für die Allerkleinsten, Krimis, musikalische Produktionen und Experimentelles.

HAPPY END OHNE ROSAROTEN ZUCKERGUSS

Ob es um Mobbing oder Drogen geht, um übertriebenen sportlichen Ehrgeiz oder das Schicksal der Schwabenkinder, jener armen Bauernkinder aus den Alpendörfern, die einst nach der Schneeschmelze allein losgeschickt wurden, um in Schwaben zu arbeiten – ein mit rosarotem Zuckerguss überzogenes Happyend bieten die Stücke meist nicht. Vielmehr warten sie mit der nüchternen Erkenntnis auf, dass im Leben nie alles gelingen kann. Hat man das verstanden, lebt es sich schon leichter.

Wer je eine Jes-Produktion gesehen hat, begreift nicht, warum Erwachsene Kindern ständig etwas vormachen, sie schonen und so lange wie möglich vor der rauen Wirklichkeit bewahren wollen. Dabei seien Kinder wie ein Schwamm, meint die Intendantin Brigitte Dethier. Sie saugten Informationen in sich auf, und was zu viel ist, bleibe in der Schüssel zurück.

Übrigens kommt man auch als Erwachsener oft beglückt aus den Vorstellungen des Jes, sozialer, milder, verständnisvoller auch für jene Dinge, die nicht comme il faut sind. Die Mutter mag ein krass peinliches Krampfadergeschwader mit fettigen Haaren und langen Zähnen sein, trotzdem gibt sie vielleicht ihr Bestes.

Vor allem räumt das Jes mit den Klischees auf, dass die Sorgenkinder immer jene sind, die Migrationshintergrund haben, mit Armut, Hartz IV oder Verwahrlosung zu kämpfen haben.

Manchmal sollte man genauer hinschauen. So hat man im Jes eine weitere Gruppe ausgemacht, die ein wenig Lebenshilfe gut gebrauchen kann: verwöhnte Einzelkinder, die zwar äußerlich wie aus dem Ei gepellt sind, schick, trendig, flott, dafür aber emotional verarmt.

»EIN SCHAF FÜRS LEBEN« MIT FRANZISKA SCHMITZ UND ALEXANDER REDWITZ: FÜR DAS ENSEMBLE IST KINDERTHEATER NICHT SPRUNGBRETT, SONDERN PASSION.

SCHWÄBISCH
IN DER SPRACHE ZU HAUSE

JAHRELANGES ÜBEN FÜR DAS GUTTURALE WUNDER

Die erste Erkenntnis: Es muss am Unterkiefer liegen. Um Schwäbisch schwätzen zu können, sollte man vermutlich eine spezielle Disposition mitbringen, vielleicht sogar einen dezenten Unterbiss. In jedem Fall ist ein agiles Mundwerk von Vorteil, damit man diese malmenden und kauenden Bewegungen ausführen kann, mit denen die Vokale und Konsonanten keineswegs nach vorne, sondern im Gegenteil ganz tief nach hinten in die Kehle geschoben werden, wo sie gurgelnd geknetet und geknödelt werden, bis schließlich eines der gutturalen Wunder herunterschluckend hervorgebracht wird: »I han beim Bäckr n Däng troffa.«

Schwäbisch, behaupten Lästermäuler, sei kein eigenständiger Dialekt, sondern eine Deformierung der Sprachwerkzeuge. Das »ei« ist tückisch. Oder ist es doch eher das »R«, das die größten Schwierigkeiten macht, weil es mal zu einem gutturalen »A« mutiert – wie bei Vordermann, aber auch eine Art Gurgeln sein kann, das über den Gaumen transportiert wird und sich in einem dentalen »N« entlädt: Fernsäh. Das muss man erst mal hinbringen.

Ich bin in der Oberstufe ins Schwabenland verpflanzt worden und habe die verbleibenden Schuljahre genutzt, um die Kiefer der Lehrkörper zu studieren, die selbstverständlich Göde und Sarddre auf Schwäbisch vermittelten. Lehrer und Schüler, die Hochdeutsch sprachen, waren rar. Wir fielen auf, unangenehm, wir bekamen den Stempel »arrogant« aufgedrückt – und gehörten nicht richtig dazu. Das hat meinen Ehrgeiz gekitzelt, sodass ich beschloss: Eines Tages will auch ich das »R« gurgelnd über den Gaumen transportieren können und es in einem dentalen »N« entladen: Fernsäh. Fernsäh. Fernsäh.

Man kann sich überall auf der Welt heimisch fühlen, aber man ist doch erst wirklich angekommen, wenn man in der Sprache zu Hause ist. Wenn man anfängt, sie lieb zu gewinnen und sogar zu verteidigen. Im Schwabenland bedeutet das, zum Bäcker reinzumarschieren, selbstverständlich »Griß Gott« zu sagen und Laugeweckle zu bestellen. Erste Anzeichen von Assimilierung lassen sich auch erkennen, wenn man in gestochenem Hochdeutsch erklärt: »Und dann haben die Nachbarn hälinge ihren Müll in unsere Tonne geworfen.« Weil man gar nicht mehr weiß, wie man es anders ausdrücken könnte.

WER SAGT DENN NOCH GLUHFA-HÄFELE, GUGG UND GIEBELAGÄBELA?

Schwäbisch ist eine schwere Sprache. Gut so, werden die Schwaben denken, die es angeblich nicht mögen, wenn Neigeschmeckte plötzlich mit den Vokabeln prahlen, die in jedem Lehrbuch stehen: Grombire, Breschtlingsgselz oder Herrgottsbscheißerle. Dabei sagt das kein Mensch mehr, genauso wenig wie sellichsmol, Gluhfa-Häfele, Gugg und Giebelagäbela. Es spricht auch kaum noch jemand von Muggabatsche und Bempemperlestag und leider auch nicht mehr von Henna Däbberle. Außer im Fernsehen (»Fernsäh«), wo in schwäbischen Krimis meist so lausig geschwäbelt wird, dass man zom Auge ausheile d'Dachstieg aufd Bühne renne und verzweifelt »Du Bachl« schreien wöllt. Aber das sagt auch nur noch das Pferdle zom Äffle.

Ich habe es dennoch riskiert. Ich saß im Mathematikunterricht und habe mit dem Unterkiefertraining begonnen. Ich habe hinten in der Gurgel ge, ge, ge gesagt, wieder und wieder. Ich habe sukzessive schwäbische Begriffe in meinen Wortschatz gemogelt: »Flaschner«, »Käpsele«, »Gruschd«, »groddemäßig«. Und vor allem »Jetzet«. Gerade »jetzet« kann man als Hochdeutscher nämlich sehr gut und weitgehend unfallfrei aussprechen. Jetzet.

KONVERSATION MIT WENIGEN WORTEN

Was jemandem wie mir entgegenkommt, ist die Tatsache, dass man im Schwäbischen mit sehr wenig ziemlich weit kommen kann. Mit Deng und Denger, Ebbes und Ebber. Damit ist im Grund alles gesagt. Also elles. Gerade, wenn man geistig abgeschlafft ist, kraftlos und müde, ermöglicht einem das Schwäbische, eine durch und durch akzeptable und salonfähige Konversation zu führen: »Woischd, der Deng, dahanne der, der Oine, den kennschd du au.«

Denn Schwäbisch ist keineswegs nur ein Dialekt unter vielen, sondern vor allem saumäßig praktisch. Es ist effizient, präzise und bringt die Dinge auf den Punkt. Man kann freilich sagen: »Ich wollte dich mal fragen, ob du mir möglicherweise einen Gefallen tun könntest. Ich hätte da eine winzige Bitte an dich. Vielleicht wäre es eventuell ja möglich, dass du mir diese kleine Gefälligkeit erweist?« Der Schwabe dagegen fragt: »Tädscht mer« – und der Fisch isch putzd. Elles geschwätzt.

Oder »dägemäßig« und »wonderfitzig«, da weiß man, was gemeint ist. Und auch, wenn irgend so ein Grasdaggl so pääb da hockt, obwohl es schon schattig wird. Da weiß man: Der ist selten blöd.

Heute kann mich niemand mehr schrecken, wenn er auf die Uhr schaut und sagt »isch Femfvordreifirdelneine". Auch mit den Richtungen finde ich mich halbwegs zurecht, selbst wenn sie eine Wissenschaft für sich sind. Nondr und dronder, das mag noch angehen, aber nauszuas, raazuas, neizuas, romzuas, nieberzuas, nuffzuas. Und na noch gschwind oba doba romm und nomm, no isch au gschwätzt.

Wo na? Ha, dahanne!

Man fährt am Sonndich an de See nauf, uff Schdueget naa, in d'Schdadt nei, aber nach Berlin nauf oder naus aufs Land. Oder man geht gschwind nomm beziehungsweise hendere zu denne nomm, die donda läbet.

Mir persönlich hat es die schwäbische Grammatik sehr angetan. »I däd macha«, »Dees hedds doch nedd bräuchd« und natürlich »I hann gmachd ghedd«. Das hat's mir immer schon angetan ghedd. Das hab ich immer schon sehr gern gsagt ghedd. Selbst da, wos des nedd bräuchd ghedd hedd, han ich immer schon nicht nur gesagt oder gesagt ghedd, sondern gesagt ghedd hedd.

Ich würde auch behaupten wollen, dass mir die weichen Formulierungen besonders liegen, die einem wie süßer Brei durchd Gosch wabern. Bronnabutzer und Bredle, Debbichbadscher, Deng und Dödel.

Damit komme ich recht gut durch. Natürlich könnte ich bis heute keinen längeren Text am Stück fehlerfrei sprechen. Immer noch habe ich Schwierigkeiten mit dem sch: Tätschst mer, willsch au mol, bischt narred. Aber mit etwas Geschick kann man sich durchmauscheln mit kurzen schwäbischen Sätzen und Formulierungen, mit beiläufigen Ausrufen wie »Sagemole« oder »„Leddegschwätz« oder »so ischs na au widder«. Das schönste Kompliment, das mir je gemacht wurde, war der Kommentar einer schwäbischen Kollegin, die meinte: »Gell, Sie könnet Ihr Schwäbisch au ned ganz verberge.« Bingo! Das war der Ritterschlag! Seither traue ich mich, den Unterkiefer so behände hin und her und rum und num zom schieben, dass es mir manchmal sogar schon ind Gosch neigrenet hot. Also ghedd hot.

Trotzdem muss man immer auf der Hut sein. Stichwort lebenslanges Lernen. Man kann eben auch sehr viel falsch machen, wie der griechische Gastwirt, der zum schwäbischsten aller Schwaben werden wollte und »Viertelesfinale« sagte. Bei einem Schwäbischtest für Anfänger habe ich kürzlich leider auch grottemäßig schlecht abgeschnitten – weil Heahla nicht Haar heißt, sondern Hühnchen, und ich weder »leis« für ungesalzen kannte noch »Roi« für Abhang. Ich dachte auch immer, dass Kadzagschroi ein jesusmäßiges Geplärre wäre. Dabei meint es angeblich ein warmes Vesper aus Rindfleisch und Ei.

»WÄHNSINN, WIE WEIT HINAUF ZOM LAUFEN DAS ISCHT.«

»Mit ein wenig mehr Übung werden Sie noch ein echter Schwabe«, wurde mir nach dem Test bescheinigt. Und des schwör i hier an äben dieser Stelle mit Hand aufs Herz: Das hat i immer scho gmacht ghed, und das ist, was ich auch immer schon mache wöllt: übän, übän, übän.

Trotzdem werde ich meiner Läbtag nicht Gutsle sagen, sondern sicher immer Keks, ich werde mich auch weder mit einem Teppich zudecken, noch meinen Kopf aufs Heipfl betten. Aber ich wische mit dem Lumpen, besitze Glomb und Gruscht und musste leider auch schon feststellen, dass mir der Ranzen spannt. Derzeit versuche ich übrigens, meinen Dialekt einzuhochdeutschen und feile an einer Art elaboriertem Sonntagsschwäbisch. Ich versuche grottenbrait zum schwätzen und sage »Wähnsinn, das ist ja uuunglaublich, wie weit hinauf zom laufen das ischt.«

Eine Freundin meint, ich sei an Lole, so tät koi Sau ned schwätza. Ich dagegen sage: doch. Oine. Und die lässt sich ihre schwäbischen Kreationen sicher nicht verbieten. Omsvereggnaed. Wo sie jetzt so schön »Fernsäh« sagen kann. Und »I han beim Bäckr n Däng troffa«. Weil sie eben elleweil sehr fleißig mit dem Kiefer hin und her zom Schieben geübt hat. Also zom Schieben geübt ghed ghad hat.

DIE AUTORIN/DER FOTOGRAF

© Frank Paul Kistner

Adrienne Braun, 1966 in Wiesbaden geboren, war
nach ihrem Germanistik- und Kunstgeschichtsstudium
Regieassistentin an der Staatsoper Stuttgart sowie
Redakteurin der Stuttgarter Zeitung. Seit 1996 arbeitet
sie als freie Journalistin, Autorin und Moderatorin,
schreibt für das Kunstmagazin ART und die Süddeutsche
Zeitung und hat seit vielen Jahren eine Kolumne in der
Stuttgarter Zeitung.

© Jan Potente

Martin Stollberg ist in Marburg aufgewachsen. Er studierte
am Stevenson College in Edinburgh/Schottland Fotografie
und machte dort 2004 das Higher National Diploma. Seit
2007 ist Martin Stollberg als selbstständiger Fotograf im
Bereich Pressefotografie und bei verschiedenen Zeitungen,
u. a. die Stuttgarter Zeitung, tätig.

Bibliografische Information der Deutschen Nationalbibliothek
Die Deutsche Nationalbibliothek verzeichnet diese Publikation
in der Deutschen Nationalbibliografie; detaillierte bibliografische
Daten sind im Internet über http://dnb.d-nb.de abrufbar.

© 2016 Emons Verlag GmbH
Alle Rechte vorbehalten
Lektorat: Nicole Janke, Neuhausen auf den Fildern
Satz und Gestaltung: Silke Nalbach, Mannheim
Umschlaggestaltung: Nina Schäfer
Abbildungen: © Martin Stollberg, außer: Seite 106/107 und
110/111: picture alliance /DUMONT Bildarchiv; Seite 147
und 148/149: Galerie ABTART, Foto Klaus H. Pfeiffer;
Seite 173 und 175: Junges Ensemble Stuttgart, Foto Tobias Metz

Druck und Bindung: G. Canale, Rumänien

ISBN 978-3-95451-896-8

Unser Newsletter informiert Sie
regelmäßig über Neues von emons:
Kostenlos bestellen unter
www.emons-verlag.de